北京市优秀人才培养资助青年拔尖个人项目（项目编号：2016000026833ZS06）资助

互联网时代的都市反恐

肖洋·著

Urban Anti-terrorism in the
Age of Internet

时事出版社
北京

自 序

随着地缘政治格局变化、国际形势日趋复杂、全球合作需求不断加深,此前许多并未过多引起关注的问题,如今已变成全球聚焦的热点问题。本书研究 Web3.0 时代下的都市反恐问题,梳理了近年来世界反恐局势,以及国际恐怖组织的互联网招募路径,并针对都市防恐、反恐问题提出有效的应对机制及解决方案。近年来,国际恐怖组织呈现网络化与高科技化趋势,这就要求反恐机构走向智能化。鉴此,"欧洲反恐怖主义中心"成立并构建跨国智能反恐系统。该系统涵盖三个具体领域:智能信息整合与宣传、智能数据采集与识别检测、智能决策与模拟应用。智能信息整合与宣传包括共享反恐信息,编制恐怖组织的网络结构图,上传反恐数据包,在线巡查网络恐怖主义、宣传反恐理念;智能数据采集与识别检测涵盖开发应用程序,在线采集恐怖分子图片,将图片转换为数据,上传图片数据到云端,研发政府的智能防火墙,推广微表情测谎与虹膜识别;智能决策与模拟应用包括建立模仿人类反恐专家决策过程的计算机系统,普及智能决策支持系统,加大力度研发反恐机器人、反恐无人机和无人汽车等。笔者通过分析发达国家构建人工智能反恐系统的过程与规划,以期增进国内学界对人工智能如何应用于反恐领域的认知,并为中国首都城市和中心城市的反恐部门构建智能反恐、防恐系统拓展思路。

Web3.0 时代,地面化战争早已升级为科技战、太空战,"暗网"这个词也渐渐成为国际关注的热点。"暗网"已然是最前沿的高科技反恐视界。VR、虚拟货币、卫星定位、网络蠕虫等都成为打击恐怖组织"暗网"交易平台必然直面的新兴词汇。不论是政治问题还是商业问题，不论是国家还是个人，"暗网"都起到了至关重要的角色。其庞大的网络体系、严格的访问限制、高密级的加密手段都为国际反恐行动带来了前所未有的挑战。互联网科技让反恐以编程为枪炮，以代码为子弹。"程序员"拯救世界，"技术流"维护和平，已经不再是科幻电影的素材，而成为互联网反恐时代的"冰与火之歌"。

"今天，我们比历史上任何时期都更接近、更有信心和能力实现中华民族伟大复兴的目标。"今日的中国，可以说是一个全民小康的国家了，但繁荣安定并非一蹴而就，这是因为有无数的英雄在为国家的安保事业默默奉献，才换来了今天的国泰民安。

"青年强，则国强。"其实不仅仅是青年，有多少漂泊于海外的华人每当听到祖国的成功不禁会热泪盈眶；多少立下赫赫战功的人民英雄再提及战争往事时，仍难掩激动之情，自豪之情早已溢于言表……我们教小朋友们唱国歌、给他们讲历史、带他们看展览，不仅仅是让他们知道我们祖国今天的成就，更重要的是了解我们中华民族这一路走来的艰辛与不易——居安思危。就这样，生生不息，薪火相传……

本书旨在为北京市的公共基础设施提供反恐应对机制的建议，这也是本书的写作初衷。我们对和平、对国泰民安的追求与向往是不会停止的，愿此书能为北京城市反恐体系建设提供些许绵薄之力，也愿谨以此书献与业界同仁：以赤诚为笔，以汗水为墨，在时间的画卷上记录赤子情深，在历史的苍穹里书写华夏光辉！

肖 洋

于北京

目 录
contents

第一章 互联网时代的都市反恐态势 ………………………（1）
 第一节 互联网时代都市反恐概况 …………………………（1）
 第二节 都市反恐的理论解析 ………………………………（8）
 第三节 国际恐怖组织与互联网技术 ………………………（17）

第二章 国际恐怖组织的互联网招募机制 …………………（27）
 第一节 互联网恐怖主义与"电子圣战" …………………（27）
 第二节 "伊斯兰国"的互联网招募对象 …………………（31）
 第三节 "伊斯兰国"的互联网招募途径及影响 …………（37）

第三章 国际恐怖组织的互联网募资机制 …………………（40）
 第一节 国际社会打击恐怖组织募资的现状 ………………（40）
 第二节 国际恐怖组织的募资渠道 …………………………（43）
 第三节 国际恐怖组织的境外经济援助 ……………………（49）

第四章 互联网时代的国际反恐合作 ………………………（53）
 第一节 国际恐怖组织的"暗网"攻势 ……………………（53）
 第二节 国际反恐合作与情报分享 …………………………（60）

第三节 "孤狼"式恐怖袭击的行为分析 ……………… (69)

第五章 全球反恐的基本态势 ……………………………… (77)
  第一节 恐怖分子活跃的地区与国家 ………………… (77)
  第二节 大规模杀伤性武器扩散与全球反恐 ………… (90)
  第三节 全球性国际组织的反恐实践 ………………… (96)
  第四节 区域性国际组织的反恐实践 ………………… (104)

第六章 互联网时代的都市反恐体系建设 ………………… (108)
  第一节 差序格局视域下的都市反恐体系 …………… (108)
  第二节 地铁反恐与都市安全 ………………………… (114)
  第三节 案例研究："欧洲反恐怖主义中心"的
      智能反恐系统构建 …………………………… (125)
  第四节 都市"智慧反恐"策略体系构建 …………… (139)

附录 《中华人民共和国反恐怖主义法》 ………………… (153)

参考文献 ……………………………………………………… (177)

后记 …………………………………………………………… (183)

第一章　互联网时代的都市反恐态势

第一节　互联网时代都市反恐概况

近年来，国际恐怖组织将各国首都城市列为重点攻击目标，并借助互联网和新媒体进行跨国动员与募资的趋势，迫使各国纷纷调整了反恐策略，重视互联网、大数据、人脸识别等高科技在构建首都城市反恐体系中的重要作用。从 2015 年至今，以"伊斯兰国"为代表的国际恐怖组织发动了针对巴黎、伦敦等城市的暴恐案，此类"互联网攻势"代表了新型的恐怖袭击方式，而暴恐音视频的互联网非法传播是其重要诱因。鉴此，分析国际恐怖组织如何利用互联网社交媒体进行动员活动，着重研究其针对国家首都等中心城市的攻击策略，为北京建立城市反恐体系建言献策，成为本书的研究初心。

一、都市反恐研究的框架构建

（一）国内外都市反恐研究现状

近年来围绕都市反恐开展的国外研究成果可分为三类。(1) 大国首都恐怖袭击事件的影响与特点研究。Adam Bienkov 研究了近年来伦敦恐怖袭击事件的发生背景与成因。[①] Charles Lister 分析了"基

[①] Adam Bienkov, "Anders Breivik wasn't a 'lone wolf', he was part of a movement", Liberal Conspiracy, 2011, July 25th, 资料取自 2018 年 12 月 10 日, http://liberalconspiracy.org/2011/07/25/anders-breivik-wasnt-a-lone-wolf-he-was-part-of-a-movement/。

◇ 互联网时代的都市反恐

地"组织、"伊斯兰国"、"穆斯林兄弟会"等恐怖组织之间的竞争态势。① Katie Moffett 和 Tony Sgro 解读了校园恐怖袭击事件的社会影响,并敲响了城市公共基础设施反恐的警钟。② Tine Ustad Figenschou 研究奥斯陆恐怖袭击案造成的后续影响,并建议挪威政府强化对外来移民的管理政策。③（2）大国首都恐怖袭击案的理论分析。Audrey Kurth Cronin 从案例研究和数据分析的视角解析如何应对城市恐怖主义。④ Kamaldeep Bhui 详细解读了恐怖分子互联网招募的技巧及其蛊惑策略。⑤ Risa A. Brooks 从"制度缺陷论"解析美国"内生式"恐怖袭击的发生原因。⑥（3）国际反恐合作。Javier Argomaniz 研究欧盟反恐合作的拓展路径。⑦ Rhys Machold 阐析了以色列开展反恐国际合作的经验。⑧

国内研究成果可分为以下三类。（1）恐怖主义最新发展趋势研究。温琪提出南亚国际恐怖组织可能将"中巴经济走廊"作为攻击对象。⑨ 刘莹对法国打击国际恐怖主义的实践历程进行了梳理,重点

---

① Charles Lister, "Competition among Violent Islamist Extremists: Combating an Unprecedented Threat", *The Annals of the American Academy*, 2016, No. 668, pp. 53–60.

② Katie Moffett & Tony Sgro, "School-Based CVE Strategies", *The Annals of the American Academy*, 2016, No. 668, pp. 145–150.

③ Tine Ustad Figenschou & Audun Beyer, "The Limits of the Debate: How the Oslo Terror Shookthe Norwegian ImmigrationDebate", *The International Journal of Press/Politics*, Vol. 19, No. 4, pp. 430–452.

④ ［美］奥德丽·克罗宁著,宋德星、蔡焱译:《恐怖主义如何终结:恐怖活动的衰退与消亡》,金城出版社,2017 年版,第 25 页。

⑤ KamaldeepBhui, "Marketing the 'radical': Symbolic communication and persuasive technologies in Jihadist websites", *Transcultural Psychiatry*, 2013, Vol. 50, No. 2, pp. 216–234.

⑥ RisaA. Brooks, "Muslim 'Homegrown' Terrorism in the United States: How Serious is the Threat?", *International Security*, 2011, Vol. 36, No. 2, pp. 30–47.

⑦ Javier Argomaniz, "European Union Responses to Terrorist Use of the Internet", *Cooperation and Conflict*, 2015, Vol. 50, No. 2, pp. 250–268.

⑧ Rhys Machold, "Learning from Israel? '26/11' and the Anti-Politics of Urban Security Governance", *Security Dialogue*, 2016, Vol. 47, No. 4, pp. 275–291.

⑨ 温琪:"巴基斯坦恐怖组织对'中巴经济走廊'的看法及影响",《军事文摘》,2017 年第 3 期,第 34—37 页。

分析法国应对国际恐怖主义的机构设置与政策调整。[1] 王逸舟指出：国际恐怖主义折射出大国博弈的复杂性。[2] 方芳研究了恐怖主义对媒体话语权的控制路径，以及中美合作反恐的路径选择。[3] 柳思思梳理了恐怖主义规范生成的理论逻辑。[4] 于双等研究了"伊斯兰国"对中亚国家的渗透。[5]（2）城市轨道交通反恐研究。袁朋伟界定了分析城市轨道交通网络脆弱性的理论框架。[6] 林铭调查了北京城市轨道交通设施应对暴恐袭击的人员安排、管理机制、设施保障和应对措施等，重点分析了国内外地铁恐袭案的共性及其轨道交通设施的安防脆弱点。[7] 江冬梅研究了城市地下轨道交通的反恐空间策略。[8] 马东辉等研究了城市地铁系统反恐应急预案编制指南的构建思路，重点研讨了针对突发性暴恐案件的应急处置方法。[9]（3）北京城市基础设施防恐安全研究。高志程对首都旅店业的反恐现状进行了调查，提出建立专业性反恐力量有助于增强首都旅游服务业的反恐能力。[10]

---

[1] 刘莹：《"圣战"恐怖主义阴霾下的法国反恐问题研究》，群众出版社，2016年版，第10—22页。
[2] 王逸舟："中国与联合国维和行动"，《国际政治研究》，2017年第4期，第24页。
[3] 方芳：《恐怖主义的媒体话语与中美国家身份》，中国政法大学出版社，2015年版，第5—7页。
[4] 柳思思：《规范生成与恐怖主义》，世界知识出版社，2013年版，第69—102页。
[5] 于双、于文韬："极端恐怖组织'伊斯兰国'对中亚的渗透及影响"，《和平与发展》，2016年第2期，第42—53页。
[6] 袁朋伟："城市轨道交通系统脆弱性研究"，北京交通大学博士学位论文，2016年，第11—20页。
[7] 林铭："针对暴力恐怖袭击的北京城市轨道交通安全调查"，《公共安全》，2014年第3期，第9—10页。
[8] 江冬梅："城市地下轨道交通节点的犯罪防控空间策略"，湖南大学硕士研究生学位论文，2010年，第4—9页。
[9] 马东辉等："地铁系统反恐应急预案编制指南研究"，《中国安全科学学报》，2006年第11期，第43—45页。
[10] 高志程："首都旅店业反恐怖工作探析"，《北京警察学院学报》，2017年第3期，第30—34页。

于岗针对北京、上海等国际大都市公交汽车系统的反恐工作进行了调研，提出从情报、人员、制度、科技等方面构建防恐综合体系。① 张玮以地铁北京站为研究对象，对地铁站点毒气扩散模式进行了深入研究，并提出应对策略。② 刘克会对北京市地铁乘客的安全意识进行了调研，建议相关政府部门定期对地铁乘客的安全意识状况进行摸底，并做出相应改进措施。③

（二）研究目标与思路设置

总体来看，学界对相关研究主题已有一定积累，其中不少成果具有启发性。但在以下四个方面仍留有学术研究空间：一是研究体系上，国际恐怖组织的互联网动员是一个环环相扣的话语权争夺体系，现有研究集中在恐怖组织的内部组织结构、跨国串联等环节，而对国际恐怖组织如何利用互联网进行自我宣传、蛊惑民众等重要议题鲜有涉及，对国际恐怖组织互联网话语的系统分析亟待加强。二是研究视角上，国内外恐怖主义研究对象多集中于特定的恐怖组织，而很少研究城市反恐，更遑论从互联网反恐的视角来研究城市安全。三是研究内容上，对一些遭受过大型恐怖袭击的首都城市是如何采取有效反恐措施的经验总结与理论探讨尚不系统。四是研究思路上，对恐怖组织借助互联网进行人员招募、理念宣传、传递信息的机制缺乏深入解析。本书将从理论与实践相结合的角度，在借鉴已有成果的基础上，尝试回答这些问题。

本书的研究目标包括以下四个方面：一是揭示国际恐怖组织对互联网社交媒体的运用方式，及其利用互联网社交媒体开展恐怖主

---

① 于岗："城市公共汽车系统反恐工作研究"，《净月学刊》，2017年第1期，第107—113页。

② 张玮："地铁北京站毒气泄漏扩散模拟及应急研究"，首都经济贸易大学硕士研究生学位论文，2014年，第6—23页。

③ 刘克会："北京市地铁乘客安全意识现状分析及对策研究"，北京化工大学硕士研究生学位论文，2007年，第4—7页。

义活动的运作模式特点。二是梳理互联网条件下"三股势力"暴恐活动的新趋势与新特征。三是分析"伊斯兰国"攻击首都城市的互联网动员与联络路径、影响策略与实施效果。四是为北京市建设立体化反恐防恐体系建言献策。

本书的研究思路如下图所示：一是提出研究问题，二是梳理文献并提出研究方案，三是科学建模，四是检验过程，五是建言献策。

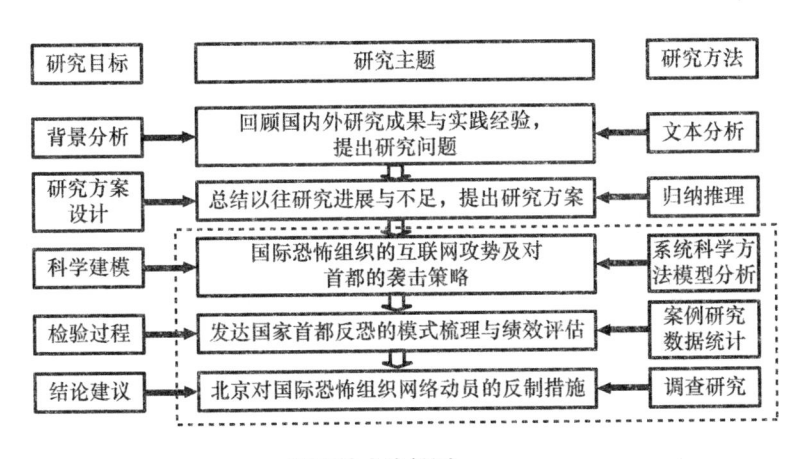

研究目标	研究主题	研究方法
背景分析	回顾国内外研究成果与实践经验，提出研究问题	文本分析
研究方案设计	总结以往研究进展与不足，提出研究方案	归纳推理
科学建模	国际恐怖组织的互联网攻势及对首都的袭击策略	系统科学方法模型分析
检验过程	发达国家首都反恐的模式梳理与绩效评估	案例研究数据统计
结论建议	北京对国际恐怖组织网络动员的反制措施	调查研究

研究技术路径图

笔者自制。

在研究过程中，本书主要采用以下四种方法。

案例分析法。在提出相关论点后，以发生在伦敦、巴黎和莫斯科等首都城市的暴恐案例作为论据支撑，列举了对北京城市安保影响较大的国际恐怖组织，具有一定的新颖性和代表性，观点鲜明，现实感、证明力较强。

统计分析法。通过对国内外关于城市反恐与互联网反恐的资料搜集，分析互联网恐怖主义产生的历史背景、条件与特点，以首都等中心城市在互联网反恐中遇到的实际问题为着眼点，分析中国互联网反恐的薄弱环节，为打击互联网恐怖主义提出合理建议。

比较研究法。结合当前互联网科技发展的特点，对各国首都反恐体系的制度建设与绩效评估进行对比分析，寻找更适合北京市情的反恐新思路。

交叉研究法。城市恐怖主义是涉及到社会学与国际关系学、历史学以及社会心理学等相关学科知识的复杂议题，本书尝试对城市恐怖主义进行多维分析研究。

二、北京都市反恐研究的价值体现

（一）学术价值

深入领会党的十九大报告提出的坚持总体国家安全观，为建设新时代中国特色社会主义确保和平稳定的国内环境。当前国际恐怖分子对首都城市的攻击对象，从党政军机关等"硬性目标"向交通基础设施等"软性目标"转移，极大威胁着人民群众的生命与财产安全。开展城市反恐斗争是深入学习贯彻习近平主席"总体国家安全观"的必然要求，是维护国家政治安全的核心环节。

进一步丰富北京超大城市治理体系的内涵，确保首都安全稳定。在北京建设国际一流的和谐宜居之都的历史节点，维护首都安全、打击暴恐事件，是提升北京超大城市治理体系成效的重要支点，亦是建设"平安北京"的时代要求。

研究恐怖组织攻击首都的策略演变，是对传统恐怖组织研究的补充和发展。这种演变不仅反映出国际恐怖组织的活动方式发生了变化，并且革新了传统安全研究的本质与内涵。在web3.0时代，网络支付、电子刊物、网络虚拟社区等日益成为恐怖组织进行人员招募、远程指挥、筹集融资的重要途径与平台。恐怖分子针对地铁等城市基础设施的攻击，离不开互联网的信息联通支持。

就理论创新的意义而言，本书的研究使用多种研究方法综合解析，将国际政治学科体系与其他学科相结合，促进学科间的共享与合作。

（二）实践价值

恐怖组织威胁社会经济发展与人民的生活，通过对本书的研究有助于完善北京综合反恐防恐的机制，主要表现为以下三个方面。

一是提示北京市政府高度关注新的防恐预警空间。恐怖组织与宗教极端组织对首都城市的攻击方式和手段发生了重要变化，北京市政府需要准确做出判断，及时调整安全战略，以应对新威胁。

二是为北京市政府相关部门反恐防恐建言献策。本书研究恐怖组织攻击大国首都的策略演变与应对路径，提高政府在处理恐怖主义安全问题领域的能力。

三是对地铁恐怖活动犯罪的特点、成因及发展态势进行国内外比较研究。总结了美国纽约、英国伦敦、日本东京和俄罗斯莫斯科等遭受过恐怖袭击的首都城市的反恐经验，以及上海、天津在防范城市地铁恐怖主义方面的先进做法，并对这些经验进行了归纳总结。

（三）创新价值

总体而言，本书旨在剖析国际恐怖组织攻击策略的演化及运作机理，整个研究过程既有严格基于理论推演逻辑的冷静思考，又饱含对构建平安首都的拳拳之心。以互联网和高科技为视角来研究国际恐怖组织的攻击策略，是国内外学界较为疏于关注的学术空间，因此本书研究的创新之处表现在以下四个方面。

一是思路创新。国际恐怖组织的互联网攻势研究除了体现恐怖主义研究的一般特性外，还表现出鲜明的互联网时代特征，突破了恐怖主义研究的传统视角，为学界理解国际恐怖主义的互联网动员模式及其对首都城市安全的危害，并为开展都市反恐专题化研究提供了新思路。

二是内容创新。本书尝试从互联网话语权、恐怖组织的社会动员、首都城市安保体系的三维视角，分析恐怖组织互联网动员的机制与路径、恐怖分子跨国流动对首都城市的袭击能力、首都城市反恐预警体系对互联网监管、北京建设全方位城市反恐体系之间的互动关联机制。

三是方法创新。结合定性案例研究与定量方法的优势，提出了分析互联网时代国际恐怖组织攻击模式的演进模型，分析国际恐怖组织与高科技的内在结合，并整合技术层面与物质层面的参考要素，通过理论分析、问卷调查、文本解读等方法，实现了概念模型的量化。

四是谏言创新。在北京建设国际城市的背景下，围绕城市反恐领域，为北京市政府提出以"情报、预警、预案"三位一体，构建三个层级的反恐预警机制、发挥社区和街道这些基层组织在城市反恐斗争中的重要作用、注重"多中心治理策略"的运用，以首都反恐预警能力建设为抓手，构建多维度的综合政策体系。

第二节 都市反恐的理论解析

当前，国际恐怖组织的攻击目标发生了新的变化。以首都为代表的中心城市，成为国际恐怖组织发动暴恐袭击的重要目标。构建首都反恐体系已经成为世界各国维护社会稳定的城市治理任务。由于各个城市之间、城市的各个区县之间存在反恐资源配置的非均衡性，因此无法做到城市反恐体系构建的标准一体化。对此，本节的研究目标有三个：一是厘清首都反恐的概念内涵，二是提出首都反恐体系的差序格局，三是对反恐资源投放设置量化指标。

一、首都反恐的概念内涵

（一）恐怖主义、恐怖组织与国际恐怖组织

恐怖主义是指：暴力实施者基于政治目标对非武装人员实施有

组织的暴力行为,其目标是破坏社会的正常运转,实现自身的政治诉求。[1] 恐怖主义的泛滥给各国安全带来了极大挑战。这些极端主义者说着不同的语言、来自不同种族、信仰不同流派的宗教,但他们的共同点是持续不断地蛊惑和煽动无知群众,尤其是年轻人去参与各种恐怖活动。国际恐怖组织不仅威胁到了中东、欧美、中亚等国家和地区,而且对中国国内外安全环境产生巨大威胁。

虽然恐怖主义的形成因个人、团体和地区差异而有所不同,但各个恐怖组织在意识形态和叙事方式方面存在共通之处。所谓恐怖组织,是指由三个以上的自然人组成、且长期进行恐怖活动的犯罪组织。[2] 当恐怖组织实施跨国人员流动与犯罪,对多个国家的社会稳定与公共安全产生巨大威胁时,则被称为国际恐怖组织。[3] 需要指出的是:恐怖主义和特定的地区、意识形态或政治观念没有必然的联系,但近年来不断宣扬和传播极端主义的各类恐怖组织具有某种共同特征——试图实现暴力活动合法化。例如"伊斯兰国"已经吸引了全世界成千上万的人到叙利亚和伊拉克充当他们的"炮灰";在这期间,有的人死于战争,有的人看清了"伊斯兰国"的真面目,但还有人变得更加迷信武力。又例如"基地"组织及其分支、"索马里青年党"和"博科圣地"等恐怖组织都利用地区冲突和国内动乱大肆扩张。同时,一些人由于深受恐怖组织意识形态的蛊惑,在母国建立起了恐怖组织的分支并策划一系列的暴力袭击事件。

面对国际恐怖组织的现实威胁,需要制定一个可持续的防恐与反恐战略。要想有效应对恐怖主义威胁,就需要世界各国加强合作来打击和抑制恐怖主义意识形态的传播。包括进行社会善治、了解

---

[1] Bruce Hoffman, *Inside Terrorism*, New York: Columbia University Press, 1998, p.25.
[2] 高铭暄、王俊平:"恐怖组织界定",《国家检察官学院学报》,2006年第2期,第90页。
[3] 杨凯:"论国际恐怖组织与互联网络的结合",《东南亚研究》,2005年第2期,第74—77页。

恐怖分子崇尚暴力的动因、了解恐怖组织的核心意识形态、掌握恐怖组织的招募机制、防止境内外恐怖组织的相互勾结，以构建高效的防恐预案体系。

（二）都市反恐与首都反恐的概念界定

本书研究的"都市反恐"特指首都城市、省会城市等全国性和区域性中心城市的反恐。这些城市规模较大，有完整的行政管理机构，能够在一定程度上主导国家或区域的社会经济发展。在具体论述过程中，则以首都城市反恐作为主要研究对象。首都作为人口、政治、经济、文化等多种资源的集中地，是一国社会发展成就的代表，亦是各种社会冲突关系集聚的核心地域。因此，"首都反恐"的概念内涵是：首都城市管理部门动用国家专政工具和一切社会管理资源以防控和打击发生在首都城市的恐怖活动。换言之，首都反恐的核心目标是保护首都公共安全、打击暴恐分子、维护首都的稳定。从国家安全稳定的大战略思维来看，首都城市的反恐成效在很大程度上代表着一国都市反恐的综合能力。需要说明的是，本书关注的是各国遭受国际恐怖组织袭击的全国和区域层面的中心城市，对于遭受恐怖袭击的次区域支点城市和城镇，则不属于本书重点关注的考察范围。

国际恐怖组织的发展依赖于扩大组织规模和提升暴力破坏性，这就需要蛊惑和征募更多的人参与到暴力活动中，并使之变成激进的极端分子。恐怖主义产生的动因可概括为"推力"（push power）和"拉力"（pull power）。"推力"是指为极端主义者提供机会以获得更多追随者的因素。举例来说，极端主义者可以利用社会治理的规范漏洞来招募追随者，在一些无政府统治或政府管辖能力弱的地区和处于经济社会边缘化的城市街区进行宣传，或是利用官员腐败和一些免责政策来实现政治目标。由于普通民众缺乏了解本国社会经济发展真实信息的渠道，易于轻信恐怖组织所宣扬的意识形态并被卷入"反建制"的浪潮之中。相反，"拉力"则是指帮助恐怖组织招募新成员的因素,比如片面滥用宗教教义和意识形态。拉力因素还包括恐怖组织利用人性的弱点来吸引新成员,假借快速致富、提升社会地位、提供归属感和个人荣誉等物质与精神方式来拉拢新成员。同时,互联网和新媒体也为恐怖组织的扩张提供了新的信息传播途径。

打击国际恐怖组织是维护政治安全、促进法治建设、保护人权的重要组成部分。为了确保首都安全,需要了解首都反恐的概念内涵及目标。首都反恐是指:通过构建完善的都市反恐体系,能够在恐怖组织实施暴恐行动之前采取"先发制人"的预防措施,或是能够将暴恐事件的影响降到最小。[1] 首都反恐的核心任务是防范打击各类以首都为攻击目标的恐怖组织。因此,首都反恐体系的构建,也需从两个方面着手:一方面是破坏恐怖组织招募新成员的途径,使得那些威胁首都城市安全的恐怖组织难以招募新成员,确保其恐怖行动无法得到境内外的支持。另一方面是减少目标区域内的恐怖分子数目,构建全民反恐防恐综合体系。[2]

为了更有效地施行首都反恐战略,需要深入调研和剖析极端主义产生的环境和根源,找出打击恐怖主义的有效路径。恐怖主义滋生的根源包括社会矛盾激化、宗教及教派矛盾等。此外,一些社会治理的失范也可能被恐怖分子所利用。例如允许在特定区域内使用武力、枪支售卖和持有合法化、反恐决策机制存在漏洞、审议体制缺乏公正性、种族歧视、对特定宗教和教派的歧视性管制等也是导致恐怖主义产生的原因。在一些暴力冲突频发和法治制度崩塌的国家,也成为恐怖主义滋生的乐土。

(三)都市反恐的目标

首都城市是都市反恐的重中之重。首都反恐作为一项系统性的

---

[1] 李伟:"大城市危机管理",《现代国际关系》,2004年第8期,第44—53页。
[2] 周庆:"城市反恐重要目标安全防范试点与研究",《政法学刊》,2013年第3期,第10—12页。

工程，其目标设置需要从综合性、可行性、针对性三个维度进行深入思考。

一是研究恐怖组织攻击首都城市的原因，并设计有效的应对方法。在团结社会各界进步力量的基础上，进一步总结恐怖主义产生的原因，采取稳妥的方式在首都核心功能区建立高效的反恐措施。可通过全球反恐论坛（Global Counter terrorism Forum）、全球社区参与基金（Global Community Engagement and Resilience Fund）和强盛城市网络（Strong Cities Network）等平台加强跨国协作与信息沟通。

二是借鉴国外城市反恐经验来减少城市治理制度上的漏洞，切断恐怖组织获得补给的源头，对暴恐高发地区进行特别管制。实际上，从当前恐怖组织的分布来看，恐怖组织大多来自中央政府管辖能力有限的国家，而暴力事件频发、政府腐败、经济萧条、社会秩序崩塌的地区也是恐怖主义袭击的高发地。若要彻底铲除恐怖主义滋生的温床，就必须进行全面深入的社会政治经济改革，提升政府治理的成效，缩小贫富差距，缓解社会矛盾。

三是增强首都城市的互联网反恐预警体系建设，打击国际恐怖组织的互联网招募。恐怖组织的扩展是一个周而复始的恶性循环。首先一部分人被恐怖主义所蛊惑，加入极端组织，在参与暴恐活动的过程中获得扭曲的心理满足感，这令他们更加狂热地参与恐怖活动，并通过亲缘、族源等多种社会网络，以现代通讯技术为平台，招募更多的人参与恐怖组织。诸如"伊斯兰国"等恐怖组织已经拥有了一套完整的互联网招募分工体系。因此，首都城市反恐体系应高度重视互联网反恐能力建设，一方面对易受恐怖主义影响的人群，尤其是青少年群体进行重点保护，另一方面提高民众对涉恐信息的辨识力，抵制恐怖主义在互联网中的扩散，并制定出更加切实可行的规划方案。①

二、国际恐怖组织攻击首都城市的原因

首都不仅是国家政治权力和经济财富最为集中的城市，也是国家安保力量最为强大的城市，然而，为什么近年来国际恐怖组织开始选择首都城市作为实施暴恐行动的重要目标？恐怖组织与国家政权之间的力量悬殊，使得首都反恐博弈从一开始就呈现出明显的非对称性。从政治理性的视角来看，恐怖分子针对首都城市的暴恐行为，无疑是以卵击石，荒唐且自不量力，但任何以弱搏强的行为，其背后都暗含着根植于社会变迁的内在逻辑。

（一）政治原因

恐怖主义是一种全球安全的痼疾，具有独特的行为特点。恐怖组织发动针对首都城市的袭击，其内在动因很多。

政治民族主义是当前最具有影响力的民族主义，并成为弱势民族建立独立主权国家的思潮，政治民族主义在多民族国家普遍存在，其突出表现即为民族分裂主义。民族分裂主义是指：在一个主权独立国家内部，非主体民族出于独立建国的政治诉求，而采取的一系列暴力活动。② 民族分裂主义的理论来源是"民族自决原则"与"人权原则"，目的是获得合法建国的政治地位。由于当前绝大多数国家都是多民族国家，因此民族自决原则的现实悖论在于："一族一国"的绝对公平性与国土面积绝对有限性之间的矛盾。因此，打击民族分裂主义成为各国维护国家统一的共识。例

---

① 此外，还需严密监控恐怖分子的行为，根据其所犯罪行的轻重，包括在监狱中的表现，对他们进行评估，并对那些想要重新回到正常社会生活的人进行帮助。这需要进行大量的工作，提高警察、军人、检察官、法官、狱警以及其他一切与反恐活动相关领域工作人员的能力，从而从根本上制止恐怖主义的不断扩大。王逸舟：《恐怖主义溯源》，社会科学文献出版社，2010年版，第167页。

② 王逸舟：《恐怖主义溯源》，社会科学文献出版社，2010年版，第167页。

如2017年8月，伊拉克政府军严厉打击谋求独立建国的库尔德武装力量。①

国际恐怖组织往往利用民族分裂主义作为人员招募的工具，其重点蛊惑的对象，则是某一主权国家少数民族群体中的极端民族主义者。这些极端民族主义者往往自诩为本民族利益的代表，宣传主体民族对本民族的"压迫"，借以唤起本民族的"悲情意识"和反抗意识，为践行"民族自决权"、实现"某地是某族的某地"的排他性政治要求、最终瓦解主权国家领土做好社会舆论准备。由于民族分裂势力在政治、经济、人口、宗教信仰等方面都属于社会非主流地位，因此，除在极个别国家中能够通过政治表决机制来实现独立目标之外，②绝大多数的民族分裂势力都采取了暴力破坏行动，通过造成人员伤亡、舆论关注来提升本民族分裂势力的政治存在感与知名度，以国内外政治施压来迫使执政方做出政治让步。③

造成极端民族主义者发动恐怖袭击的内在动因，不外乎以下三点：与其他民族，特别是主体民族的历史积怨所造成的族际仇视；受外国蛊惑所造成的"民族自大"思潮；对民族独立前景的失真认知。可以说，民族分裂主义恐怖组织具有四个共同特征：具有一定的群众基础与资金支持，获得外国势力的支持，与宗教极端势力彼此交织，由攻击政治目标向攻击经济目标转移。

（二）宗教原因

当今世界的国际恐怖组织往往都具有极强的宗教特征，国际恐

---

① 朱丽涵："独立建国还是冲突内战——伊拉克库尔德问题将走向何方？"，《当代世界》，2017年第11期，第28—30页。
② 通过表决来获取独立或高度自治权的案例有：加拿大魁北克省法裔独立运动、格陵兰因纽特人独立运动、挪威萨米人独立运动、比利时弗莱芒独立运动等。
③ 想通过暴力方式获取独立地位的极端民族组织有：斯里兰卡"泰米尔猛虎组织"、菲律宾"摩洛民族解放阵线"、土耳其"库尔德工人党"、塞尔维亚"科索沃解放军"、西班牙"埃塔"、俄罗斯车臣分离势力等。

怖组织的宗教背景，构成了其明确的政治立场、价值理念和行为模式。然而，宗教极端主义与民族极端主义的显著区别在于：宗教信仰与宗教纯洁性高于一切。宗教狂热分子发动的恐怖袭击是社会危害程度最高的恐怖活动类型，宗教极端主义者认为，对异教徒发动的暴力袭击是一种"圣战"，即使造成不同信仰者的伤亡也不会有羞愧和悔恨。① 因此，在宗教极端分子的眼中，发动恐怖袭击的目标是摧毁现有政教分离的世俗政治体系，需建立一个高度"纯洁"的政教合一"政府"，严格按照宗教经典来处理政治、经济、文化、教育等事务。由此可见，宗教极端主义者具有较强的意识形态性，他们发动攻击的行为模式更为暴力和无底线，手段更加残忍，攻击目标更广泛，对法律等既有社会规范极为藐视。

当前具有宗教极端主义色彩的国际恐怖组织包括以下三类。

一是伊斯兰极端组织及个人所从事的恐怖活动。通常而言，伊斯兰极端组织和个人拒绝伊斯兰教义之外的所有社会规则，认为暴力是加速伊斯兰化的必要途径，他们针对非穆斯林、或非己方派别的穆斯林发动战争，并且往往采取自杀式的暴恐活动。

二是犹太教极端组织及个人所从事的恐怖活动。犹太教极端组织也在自身教义中寻找暴力活动的合法性依据。例如犹太教传道士拉比·米尔·科汉生前多次宣扬对阿拉伯人的仇恨，鼓励犹太人袭击穆斯林。② 当前，很多犹太教极端组织以"科汉理论"为指导思想，采取以暴制暴、先发制人的方式，来"赢得"国际社会影响力。

三是基督教极端组织及个人发动的恐怖袭击。美国国内极右翼基督教极端组织奉行"白人至上"和"基督教至上"理念，常常以

---

① Bruce Hoffman, *Inside Terrorism*, New York: Columbia University Press, 1998, pp. 90 - 91.

② 科汉是美国裔犹太人，于 1971 年移居以色列，策划了 1993 年纽约世贸中心爆炸案、纽约—新泽西州际桥楼爆炸案，于 1990 年 11 月在纽约被暗杀。

反政府、反犹太人、反非白种人为特征，认为通过暴力攻击非基督徒，能够加速救赎日和弥赛亚的到来，迎接耶稣基督的现世。基督教极端组织的头目通常是牧师或传道士，"9·11"恐怖袭击事件以后，美国等西方国家的基督教极端组织开始将穆斯林作为重点袭击对象。

需要指出的是：虽然宗教极端主义成为危及各国社会安全的主要威胁，但任何宗教及其信徒不能因个别极端组织和个人的恐袭活动而成为被打击和抵制的对象。对谴责和打击宗教极端分子的恐怖活动，应采取谨慎的态度，以免伤害大多数遵纪守法的宗教信徒的感情。

（三）邪教原因

邪教是指：披着宗教外衣的反社会、反人类、反宗教的极端组织。[1] 邪教滋生的社会土壤分为四类：经济竞争压力过大、传统价值观体系崩塌、人民生活没有保障、天灾人祸。

邪教的基本特征包括四个方面，一是蛊惑欺骗。借助"互助、善良、真诚"等招牌以及小恩小惠诱导无知者加入其组织，尤其对失意者进行重点宣讲，大肆宣扬"末世论"和"赎罪论"，通过精心的宗教包装，实现自我神化。二是组织严密。邪教组织的活动方式极为隐秘，内部的组织机构不仅等级森严，而且反侦察能力很强。邪教组织的发展需要稳定的信徒群体，因此往往采取准军事管理体系，并辅之残酷的惩罚纲领和措施。三是极端残暴。邪教组织的残暴性集中在无差别地残害人命上。邪教组织的杀戮对象既包括无辜平民，也包括本组织的信徒，其发展道路就是从杀戮他人到自我毁灭的无限残暴过程。四是反宗教性。虽然很多邪教组织都披着世界主要宗教的外衣，但其行径却完全违背主流宗教所倡导的"珍爱生命、热爱和平"等理念，反而以残害生命、

---

[1] 胡联合：《当代世界恐怖主义与对策》，东方出版社，2001年版，第29—40页。

彰显人性极恶为特征。

邪教是最为反社会秩序的组织，当前邪教组织开始采用毒气、爆炸等大规模杀伤性武器针对平民实施恐怖袭击。邪教恐怖主义的活动区域往往在城市，为城市公共安全带来巨大的挑战：一是难以确定邪教组织的行踪，二是难以区分邪教组织与非主流宗教派别的界限，三是难以采取有效的反恐手段与政策，四是难以甄别邪教组织的潜伏人员。

随着全球化时代的不断发展，国际恐怖组织的跨国活动也日益频繁。近年来，西方国家首都城市发生了多起恐怖袭击案件，为中国的首都安全敲响了警钟。

第三节 国际恐怖组织与互联网技术

随着全球化信息联通程度的日益深化，恐怖组织使用互联网信息通讯技术的技巧日渐熟练，尤其是在运用互联网和社交媒体来煽动、招募支持者，散播恐怖主义理念，进行恐怖融资等方面表现尤为突出。随着国际反恐形势日益严峻，如何防止恐怖组织运用互联网科技和平台成为新时期反恐工作的重点。

一、恐怖组织使用互联网通讯技术及其威胁

研究如何防范和打击恐怖组织使用互联网技术，成为提升互联网反恐成效的核心议题，其研究重点包括四个方面：恐怖组织使用互联网通讯技术所造成的现实威胁、信息产业防范和打击恐怖组织使用互联网与信息通信技术的行业规范与标准设置、政府部门与私营企业在打击恐怖组织利用互联网通讯技术的合作趋势、信息产业如何构建互联网反恐的情报/经验共享机制与平台。围绕这四个议题，联合国代表、互联网科技企业、高校与智库举办了一系列专题

研讨会。①

(一) 公私共建互联网反恐合作机制

与金融业或电信业等已经具备完善管理规制的行业不同，互联网产业尚未建立正式的行业规范和责任标准，由于互联网产业具有跨国机构的内部复杂性，因此该行业制定的产品与服务管理规范大多由互联网企业自愿遵守。互联网技术的发展实现了信息全球化，对传统的国际政治格局产生了巨大冲击，为国家安全带来了新的挑战，尤其是执法部门打击互联网恐怖主义或暴力极端主义言论传播方面，感到尤为吃力。因此，以政府部门与互联网企业为主体，构建一个互联网反恐合作机制，成为新时代全球反恐实践的现实需求。

政府部门是打击恐怖组织应用互联网通信技术的主导方，具有合法性与权威性。政府部门通过出台互联网反恐的政策措施来积聚社会与政治资源，以提升互联网反恐合作机制的贯彻力度。这些措施包括：颁布互联网管制政策，以行政命令要求互联网企业提供涉恐用户的数据信息，要求互联网企业在屏蔽、过滤、打击或删除涉恐信息或账户方面展开合作，以此增强政府机关对于互联网领域的管理成效。

互联网科技企业是互联网反恐的技术支持部门。互联网科技与社交媒体企业的客户希望该企业能够实现运营透明与责任管理，保护客户个人隐私和言论自由，保证互联网环境的开放与安全，这都促使互联网企业通过加强信息管理来保障其客户的信息安全。需要指出的是：在打击恐怖主义信息的互联网传播方面，互联网产业逐

---

① 2016 年 4 月 8 日联合国人权事务高级专员办事处在日内瓦、2016 年 8 月 25 日苏黎世联邦理工学院（ETH Zurich）在苏黎世、2016 年 9 月 12 日微软公司在硅谷（Silicon Valley）、2016 年 11 月 3 日马来西亚战略与国际研究所（Institute of Strategic and International Studies）在吉隆坡（Kuala Lumpur）主办的专题研讨会议。来自私营机构、民间团体、学术机构和区域组织的约 45 名代表出席了上述每一场研讨会议。

步提升了自我监管能力。一些互联网科技企业和社交媒体企业开始尝试共享互联网信息管理经验、涉恐信息的技术处理方式等，并且积极参与了全球网络倡议对话（Global Network Initiative dialogue）与欧盟互联网论坛（EU Internet Forum）等多边合作平台。①

在内外双重推动力的作用下，作为经济行为体的互联网企业，也参与到由政府主导的互联网反恐实践之中。互联网企业与国家电信管理部门针对互联网管理规范问题展开了联合行动，逐步构建出一项基于自愿原则的互联网反恐监管规范框架，用于指导政府部门和互联网企业的反恐合作。② 这一互联网反恐监管规范框架的核心原则是：政策透明度、问责制、可预测性以及反恐措施的有效性。

（二）恐怖组织应用互联网通讯技术的现实威胁

当前，恐怖组织应用互联网通讯技术主要用于招募武装人员和追随者、宣传激进主义思想、转移和筹集行动资金、传播暴恐技术等。除此之外，国际社会也日益担忧恐怖组织最终会掌握互联网核心科技，对关键信息基础设施发动毁灭性袭击，从而造成大规模的社会动荡、瓦解既有社会管理制度。因此，在互联网推动的信息全

---

① Global Network Initiative, Extremist Content and the ICT Sector: A Global Initiative Policy Brief, November 2016, 资料取自 2019 年 5 月 18 日, pp. 2 - 6, https://globalnetworkinitiative.org/wp-content/uploads/2016/12/Extremist-Content-and-ICT-Sector.pdf。欧盟互联网论坛成立于 2015 年 12 月，它汇集了欧盟内政部长、主要互联网公司的高级代表、欧洲刑警组织、欧盟反恐协调员和欧洲议会。目标是实现基于公私伙伴关系的联合自愿原则，为公众提供免受恐怖主义的互联网攻击的操作指南，检测和处理互联网涉恐信息和在线仇恨言论。European Commission, "EU Internet Forum: Bringing together governments, Europol and technology companies to counter terrorist content and hate speech online", 3 December 2015, 资料取自 2019 年 2 月 15 日, http://europa.eu/rapid/press-release_IP - 15 - 6243_en.htm。

② 关于电信业及诸如言论自由和隐私权等关键规范性问题，参见《电信业对话》（Telecommunications Industry Dialogue）, Telecommunications Industry Dialogue, "Freedom of Expression and Privacy: Promoting collaboration, engagement & transparency in the telecommunications sector", 资料取自 2019 年 5 月 11 日, http://www.telecomindustrydialogue.org/。

球化时代，恐怖主义与互联网技术的融合被视作21世纪危及公共安全与国际和平的最大威胁。

目前很难区分恐怖分子与普通客户对互联网通讯技术的应用存在何种区别，这使得从数十亿的互联网用户中甄别出恐怖分子变得异常困难。为此，国际社会呼吁各国政府在打击极端主义或恐怖组织应用互联网通讯科技等方面加强合作，以净化互联网环境。然而，各国政府的互联网反恐政策大多采取技术管制导向，将互联网中间商（互联网服务提供商、互联网技术和社交媒体企业），而非互联网信息的发布者——网民，列为互联网反恐监管的主要对象。事实上，这种"头痛医头"的互联网反恐思路，只起到治标不治本的效果，恐怖分子在"暗网"等政府互联网监管盲区仍然继续进行人员招募、资金流转、信息传播等活动，使得政府部门难以有效开展执法行动。[①]

与此同时，政府部门对互联网信息管理的措施也存在矛盾之处：一方面，互联网反恐措施被视作增强公共安全、保护网民免遭恐怖主义威胁的必然举措；另一方面，由政府主导的互联网管制措施往往具有强制性，这被认为侵犯了绝大多数网民的互联网使用权和个人信息权等，不可避免地造成民众对互联网企业和政府的信任度下滑。

除此以外，只要现实世界导致恐怖主义滋生的社会土壤依然存在，恐怖组织就会利用互联网通讯技术持续威胁公共安全。虽然国际社会已经认识到改善社会生态环境是提升互联网反恐成效的关键，但政府部门在打击恐怖组织互联网招募的实践中，仍然难以确定政

[①] See also the UN Business and Human Rights Principles in Business and Human Rights: Implementing the United Nations "Protect, Respect and Remedy Framework" (A/HRC/17/4 and A/HRC/17/31); the European Commission's ICT Sector Guide on Implementing theUN Guiding Principles on Business and Human Rights; the Manila Principles of Intermediary Liability; and the African Declaration onInternet Rights and Freedoms and the GNI Principles on Freedom of Expression and Privacy.

策聚焦的着力点：互联网监管措施应当侧重于及时删除涉恐信息，还是限制大批量收集互联网数据？总而言之，互联网反恐需要坚持线下预防和线上打击相结合的主体思路，保证反恐资源的合理分配，以验证何种合作措施更为有效。

二、互联网涉恐信息管理机制构建

在互联网行业、网民和政府三重因素的作用之下，大型的互联网科技企业和社交媒体企业从互联网内容管理的角度出发，研制自助式的信息管理措施，以应对恐怖组织对于其产品和服务的非法滥用。这些管理措施包括以下几个方面。

第一，设置调整服务条款（Term of Service）和网络论坛行为准则，禁止发布涉恐信息。通常而言，绝大多数互联网社交媒体企业对其平台上出现的涉恐内容均采取零容忍态度，致力于保障用户的信息安全。除此以外，鉴于在用户中甄别恐怖分子存在现实困难，部分互联网技术企业开始借助国际组织或国家安全部门所公布的恐怖组织名单来完善涉恐账户和信息的数据库。

第二，制定互联网反恐指南，对涉恐信息进行内容标记或封锁账号等防范措施，以响应政府部门删除涉恐内容/账户或拒绝其数据访问的行政要求。

第三，完善互联网信息透明化管理措施，制定、培训和维持互联网内容管理政策并组建法律团队。

第四，设置互联网涉恐信息追踪部门，与政府机构、民间团体合作打击恐怖组织及其追随者的互联网宣传与招募活动。

互联网企业在执行这些反恐措施的过程中，仍然面临现实挑战。一是由于互联网世界与真实世界之间存在涉恐信息的非对称性，造成互联网企业的涉恐信息侦查能力存在短板。此外，各个互联网企业在落实政府的互联网信息管理规制存在现实困难，再加上每天都要处理海量信息，使得互联网企业在实际操作过程中有可能出现失误。

二是由于私营互联网企业是互联网反恐合作机制的关键环节，因此政府部门在限制互联网发布内容、删除涉恐账号、提供涉恐嫌疑人的用户数据、监控互联网社交平台等方面，对互联网企业提出了越来越多的规范性要求。在特定的情况下，互联网社交媒体企业可能由于与其他互联网内容推送机构展开合作而受到政府监管部门的批评，因为在类似的管理体制之下，执法部门依赖于互联网企业的技术服务来获悉删除涉恐内容的具体进展。

三是很难搜集恐怖分子利用互联网进行犯罪活动的确凿数据。由于互联网信息的快速增长、政企互联网反恐信息沟通渠道的相对狭窄、互联网企业反馈的涉恐信息时效具有相对滞后性，使得政府部门难以衡量互联网企业在打击恐怖主义方面的真实成效。关于互联网反恐与政府整体反恐防恐战略之间的逻辑联系，尚存在较弱的证据基础。

四是互联网反恐措施存在执行难的问题。互联网行业之所以难以落实互联网反恐措施，是因为大部分互联网科技与社交媒体企业的规模较小，缺乏制定和贯彻相应措施所需的人力、财力、管理等方面的资源。

五是互联网科技具有的工具属性，造成互联网科技的应用门槛较低。政府机关、互联网社交媒体企业管理层和技术研发人员，对于恐怖组织在多大程度上利用其产品和服务进行犯罪活动存有认知差异，造成这一现象的原因，是由于互联网企业之间的涉恐信息合作缺乏透明度和问责制，缺乏相应的反恐信息共享机制与平台。

近年来，欧洲国家频频遭受恐怖主义袭击，公共安全面临极大挑战。在欧盟的授权下，2015年欧洲刑警组织成立了"欧盟互联网参照部"（EU Internet Referral Units）。① 这是一项自愿参加的互联网反恐行动议程，其来源于欧洲安全议程（European Agenda for Security），并且对欧洲议会负责。另外，除了向欧盟成员国提供援助与支持之外，欧盟互联网参照部也在欧盟互联网论坛制定的行动框架之下与第三方合作伙伴展开协作，并与互联网服务运营商保持着密切合作，以此推动互联网行业开展"自我监管"活动。与此同时，欧盟互联网参照部的核心目标在于：通过识别向互联网托管服务商推送涉恐内容的用户身份、评估涉恐信息是否违反互联网服务条款，以提升恐怖组织使用互联网资源的准入门槛。这项应对措施以联合国安理会公布的综合制裁名单（Consolidated UN Security Council Sanctions List）作为涉恐信息的判定依据。②

欧盟互联网参照部自成立以来，通过出版年度活动报告等方式来提升其行动的透明性，互联网企业和民间团体对此表示赞赏与支持，多家互联网社交媒体企业已经删除了大量涉恐推送信息。美国政府已经发起了多项互联网反恐行动倡议，以推动互联网技术和社交媒体企业之间共享涉恐情报与实践经验。参与互联网反恐行动倡议的利益攸关方包括互联网企业、政府部门、金融服务业、学者、民间团体。③ 除此还包括参加"欧盟互联网论坛"（EU Internet Forum）、"圆桌会议论坛"（round table forum）的全球性互联网科技和

---

① Zurich workshop, *UNCTED-ICT4Peace Foundation Pricate Sector Engagement in Responding to the Use of the Internet and ICT for Terrorist Purposes*, 25 August, 2016, pp. 1 – 12, 资料取自 2019 年 5 月 11 日, https://ict4peace.org/wp-content/uploads/2016/10/Summary-Report-Zurich-Workshop-FINAL.pdf。

② United Nations Security Council Subsidiary Organs, *Consolidated United Nations Security Council Sanctions List*, 资料取自 2019 年 5 月 11 日, https://scsanctions.un.org/fop/fop?xml = htdocs/resources/xml/en/consolidated.xml&xslt = htdocs/resources/xsl/en/consolidated.xsl。

③ 银行业已经建成成熟的国际/区域/地方三级信息共享机制，通常有固定的政府沟通渠道。银行业重点监控滥用银行的金融服务，而不是使用互联网信息和通信技术。如今，银行与互联网公司之间已经尝试建立信息互换机制。

◇ 互联网时代的都市反恐

社交媒体企业。①

2015年，脸谱（Facebook）、微软（Microsoft）、推特（Twitter）和优兔（You Tube）四大网络运营商企业联合发起了一项互联网管理计划，旨在通过"图像哈希算法"或指纹识别功能删除其网站中的涉恐内容，并共享各自的删除记录。涉嫌违反互联网管理政策的涉恐信息将被增添进"信息产业共享数据库"。

除此以外，互联网技术企业还提出了其他更为标准化的行动倡议，其中包括：全球网络倡议组织（Global Network Initiative，GNI），成员主要来自北美洲和欧洲的互联网科技与传媒企业、投资方、学者，如今，越来越多的拉丁美洲和亚洲的成员也加入其中。全球网络倡议组织的行动侧重于保障成员之间的沟通与交流、建立互信机制、制定国际互联网行业标准。此外，该组织还积极捍卫《联合国商业和人权原则》。全球网络倡议组织作为全球互联网产业管理的领头羊，起到了举足轻重的作用，并围绕"网络极端主义"这一议题展开多次国际交流。②

与此同时，全球性和区域性国际组织（联合国、欧盟、欧洲安全与合作委员会、欧洲委员会、美洲国家组织、金融特别行动工作组、国际刑警组织等）正着手建立不同层面的互联网反恐信息与经验交流论坛，旨在推动各国互联网企业的涉恐情报共享、提升政府对互联网的监管能力。此外，各国政府也纷纷为互联网企业搭建一个情报共享和经验交流平台。联合国大会提出的《打击恐怖主义战略》以及《联合国秘书长行动计划》也为互联网信息管理搭建了全球性政策框架。需要说明的是：互联网技术行业与投资者、执法部

---

① 此前其主要用于讨论互联网技术企业产品与技术的使用，以及应对恐怖组织利用信息通讯技术的工具和行动机制两方面的发展趋势。

② Global Network Initiative, *Responding to Online Extremism Without Harming Free Speech and Privacy*, 资料取自2019年5月12日，https://globalnetworkinitiative.org/responding-on-line-extremism-without-harming-free-speech-and-privacy/.

门、国家安全与司法机关就如何落实这些防范恐怖组织应用互联网技术的政策框架，存在知识鸿沟和认知差异。

三、防范恐怖分子使用互联网科技的路径选择

在打击恐怖分子使用互联网通讯技术的实践过程中，存在来自管理规范、技术支撑、信息分享和组织保障等多方面的挑战。本书认为可从以下四个方面构建应对策略：建立部门间和行业间的互信与沟通机制；巩固政企互联网反恐的规范基础；搭建知识、情报、经验共享平台；推动政企互联网反恐的能力建设。

第一，建立政企反恐联动机制，实现信息交流便捷化。加强现有的互联网信息管理机制，包括代理关系机制、对话便捷化机制、知识信息共享机制，拓展官产学的跨界反恐信息沟通渠道。政府与互联网技术、社交媒体企业、银行业建立非正式的互联网反恐合作模式，不仅有助于避免政企合作反恐过程中的功能重叠，而且有助于扩充互联网反恐的资源储备。

第二，提升政府的互联网信息管理能力，推动政企沟通，确保涉恐信息筛查过程的透明度和可问责性。在法律允许的范围内，互联网企业及时向用户公布政府所下达的删除涉恐内容的决定。当政府依据互联网企业的服务条款要求其删除涉恐信息时，要保障普通用户的互联网体验和基本权利。各国政府应确保本国的互联网反恐行动，符合联合国反恐规范并得到相关国际标准的支持。

第三，实现线下预防行动与线上内容管理相结合。互联网反恐政策的主要目标是严密监控涉恐内容的发布者，而非互联网运营商。政府应尊重并保护网民合理的言论自由与隐私权。互联网企业应加强与政府有关部门的沟通，及时更新涉恐账户数据库。此外，适当展示政府部门的互联网反恐成效，有助于遏制恐怖主义思想的渗透与蔓延。

第四，建立全球互联网知识与反恐信息共享机制。建立一个全

球知识网络或涉恐信息数据库，用于分享互联网科技与社交媒体企业的服务条款、互联网反恐成功经验、各国政府互联网反恐的政策和法律。

　　第五，增强公众辨识互联网涉恐信息的安全意识。政府部门应增强互联网技术企业和社交媒体企业、银行和金融机构、学校、律师事务所、社区辨识互联网涉恐信息的科普教育，为政企合作反恐奠定舆论基础。

第二章　国际恐怖组织的互联网招募机制

"伊斯兰国"是近年来出现在伊拉克和叙利亚边境地区的跨国恐怖组织，奉行伊斯兰激进主义。"伊斯兰国"与传统国际恐怖组织的区别，不仅在于危害性及控制区域都达到峰值，还在于利用互联网技术进行成员招募、资金筹集，尤其立足互联网社交平台，将"复古中世纪伊斯兰统治"的理念在互联网世界大肆宣扬，引发了各国的关注。了解"伊斯兰国"的网络招募机制，有利于从源头上遏制该组织在世界范围内的扩张，针对其网络攻势制定应对策略。

第一节　互联网恐怖主义与"电子圣战"

全球恐怖主义组织越来越多地进入互联网空间。它们使用网络来进行成功的自我营销——交流、招募技术工人、筹资、宣传、煽动仇恨和暴力、搜集情报以及心理战。最近几年，以"伊斯兰国"、"基地"组织为代表的国际恐怖组织为了所谓的"电子圣战"而将网络空间当成新的战场，通过蓄意毁坏敌方的互联网基础设施来打击敌人，使用从虚拟世界获取到的信息资源，在真实世界制造暴乱，同时发展自己的防御能力来逃避网络侦查。以下选择国际恐怖组织进行"电子圣战"的重要行动，概述了国际恐怖组织互联网宣传中所反映出的关键议题。

一、国际恐怖组织进行互联网宣传的表现

2015年10—11月，各类恐怖组织使用加密软件的趋势不断持续，此类软件能够对使用者之间的交流信息进行加密，从而隐匿其"行踪"。因此恐怖分子更愿意通过此类软件来传输PDF文件、视频文件和音频文件，以躲避各国反恐机关的监控。使用此类软件进行互联网宣传的恐怖组织包括："伊斯兰埃米尔""电子圣战军""马萨达·安塞尔""伊斯兰国"等。

以下是国际恐怖组织实施互联网攻击的主要表现。

一是互联网募资。巴勒斯坦"赛莱菲耶派圣战者"通过推特网发表声明"邀请"使用者与其接触。这些筹来的资金被用于武器购买，以对抗加沙地带的犹太人。

二是发送垃圾邮件。"伊斯兰国"的支持者们发起了一场名叫"以眼还眼：针对雇佣军账户的垃圾邮件运动"的作战，每天向8个反"伊斯兰国"的账号发送"伊斯兰国"的宣传材料，以瘫痪这些账号的宣传功能，报复美欧等国注销了"伊斯兰国"的推特账号。"伊斯兰国"管理层规定：穆斯林有义务助力"垃圾邮件运动"；如果支持"伊斯兰国"的推特账号被封，则使用后备推特账号。

三是发布反侦察软件。国际恐怖组织的"互联网攻击"遭到各国政府的严密监控，为了躲避互联网侦察，国际恐怖组织开始发布反追踪软件和应用程序来增加信息传播的安全性。这些应用程序主要用来加密设备上的存储信息或通讯信息，保持互联网用户活动的匿名性（包括VPN的使用）。此外，国际恐怖组织定期发布反侦察技术指导。

二、主要互联网恐怖组织概述

"伊斯兰国"的崛起推动了互联网恐怖组织的形成。"伊斯兰国"的成员多次攻击美欧等国政府网站和社交网络，并散布恐怖主

义信息。很多"伊斯兰国"的追随者,在"伊斯兰国"的统一指挥下,通过分享和传递暴恐信息,积极参与网络攻击的联合规划和执行,以及恐怖组织之间的合作,开展互联网心理战。

(一)"伊斯兰国"

2015 年末,"伊斯兰国军"的互联网队伍进行了大规模扩容,接纳了多个黑客。这些黑客的网名很可能属于一个组织而非个人。例如"网络哈里发国"是个网络群组的网名,在一个英国籍巴基斯坦裔黑客的领导下运行,此人加入了"伊斯兰国",于 2015 年 8 月在一场美国空袭中身亡。[1]

各种黑客间的合作增大了对世界各国的威胁,包括丑化各国政府网站、泄露政府官员和安全部队的详细信息。例如 2015 年 12 月,"网络哈里发国"泄露了法国和美国 160 位军方官员的个人资料,包括全名、家庭地址、电话号码和电子邮箱等,并宣称最终还将公布 700 人的详细信息,以报复这些国家对"伊斯兰国"的互联网攻击;同时声称对沙特电力与水务政府网站的丑化行为负责。"伊斯兰国"的黑客支持者,往往宣称对破坏全球范围内各国官方机构账号的行为负责。消息的大多数并没有展现出真正的危险性,只是心理战的一部分,目的在于削弱各国政府部门的权威性从而引发民众的大范围恐慌。

(二)"团队系统 DZ"

"团队系统 DZ"是支持"伊斯兰国"的国际黑客组织,同时也支持巴勒斯坦的独立化运动。例如位于阿尔及利亚的"团队系统 DZ"分部,一天之内攻击了 6 个政府网站。需要指出的是,"团队系统 DZ"的互联网攻击能力相对较弱,难以入侵高等级的安全托管

---

[1] International Institute for Counter-Terrorism with the Support of Keren Daniel, ICT Cyber-Desk Review:Report#14,资料取自 2019 年 5 月 11 日,http://www.ict.org.il/Article/1619/Cyber-Desk-Review-Report-14。

提供商，无法阅览高密级的政府保密资料，这限制了"团队系统DZ"的攻击目标范围。

(三)"摩洛哥伊斯兰联盟"

"摩洛哥伊斯兰联盟"是个反以色列、反西方国家的跨国黑客组织，其袭击对象是美国的犹太人网站、北约成员国的军方网站，包括亲美中东国家的网站，其互联网攻击行为以丑化各国政府和智库网站为主。2015年10月7日，来自"摩洛哥伊斯兰联盟"的黑客用一张士兵坟墓的图片，丑化了美国军方智库之一的麻省海事研究院官网，并附着一则用阿拉伯语所写的威胁驻伊拉克美军的信息。"摩洛哥伊斯兰联盟"的互联网攻击目标并不是以窃取信息、记录或是资料为主，而是采取长期袭扰策略以造成目标网站的持续崩溃：一旦目标网站恢复正常，"摩洛哥伊斯兰联盟"就会再一次入侵并使之瘫痪。

(四)"法拉加之队"

"法拉加之队"是个总部位于突尼斯的伊斯兰极端主义黑客组织，它曾经入侵过法国、突尼斯、以色列的政府网站。该组织在互联网社交媒体上十分活跃，该组织明确反对世俗主义和无神论，与"伊斯兰国"有着共同的理念。"法拉加之队"的互联网攻击行为表现为大规模丑化西方国家与非穆斯林国家的网站。它通过攻击西方国家的公共事务网站，发布血腥的图片和视频，来引发人们的恐惧心理。例如2017年2月8日，"法拉加之队"攻击了英国国家医疗服务体系，使之在线支付和网络预约功能完全瘫痪，并张贴血腥的叙利亚内战视频与图片。[①]

[①] Kim Sengupta, "Isis-linked hackers attack HNS websites to show gruesome Syrian civil war images", Independent, February 7, 2017, 资料取自2019年6月18日, https://www.independent.co.uk/news/uk/crime/isis-islamist-hackers-nhs-websites-cyber-attack-syrian-civil-war-images-islamic-state-a7567236.html。

（五）"匿名者"

"匿名者"是一个松散的政治型黑客联盟，反对互联网言论管制，具有较强的反政府主义倾向。该组织的主要互联网攻击活动包括：攻击政府网站的服务器、丑化政府网站行动、盗窃和倾销政府机密信息。"匿名者"对各国政府网站采取 DoS（Denial Of Service）攻击的方式，通过恶意攻击网络协议的漏洞以耗尽攻击对象的资源，使之无法提供正常的服务或资源访问，造成服务系统的彻底崩溃。"匿名者"对各国政府网站的攻击带有极强的政治目的性。仅 2015 年，就攻击了多国的政府网站。

第二节 "伊斯兰国"的互联网招募对象

"伊斯兰国"是近年来最受瞩目的国际恐怖组织。该恐怖组织前头目阿布·贝克尔·巴格达迪声称要建立一个横跨欧亚大陆的"伊斯兰哈里发帝国"。"伊斯兰国"自出现以来就凭借互联网技术向外界尤其是西方国家进行人员招募，成为危害各国稳定、尤其是首都安全的公害。"伊斯兰国"恐怖分子充分利用网络和社交媒体传播信息，鼓励平民尤其是年轻人加入该组织。如若志愿加入的人无法到达中东，"伊斯兰国"则指导他们在本国就地实施暴恐袭击。[1]

信息网络技术和社交媒体具有工具中立性，它们无法自行辨别善恶，且使用便捷、传播迅速，于是成为恐怖组织进行人员招募的重要工具。"伊斯兰国"的互联网招募不仅吸引了穆斯林青年奔赴叙利亚，还招募了许多欧美国家非穆斯林青少年加入。西方国家青年人常用的互联网社交平台，诸如脸谱、推特和优兔等平台都曾允许

---

[1] Lisa Blaker, "The Islamic State's Use of Online Social Media", *The Journal of the Military Cyber Professionals Association*, 2015, p. 24.

"伊斯兰国"开设账号并进行煽动性极强的自我宣传，使其能够迅速被西方国家青年所知晓，造成极其严重的后果。

一、对青少年的招募

"伊斯兰国"互联网招募的重点对象是青少年，原因有三：青少年是战斗团队的主体、青少年是网民的主体、青少年较具冒险精神。① 在"伊斯兰国"极速扩张的2014年，有至少来自81个国家的1.2万名"外籍斗士"参加"伊斯兰国"，其中约有2500人来自美、英、加、澳等西方国家，② 这些西方青年的年龄大多集中在18—20岁。以突尼斯、沙特阿拉伯、约旦为代表的中东国家，是"伊斯兰国"的外籍兵源地（见下图），招募人数均达2000人以上。但来自西方国家的兵源也日益增多，他们在俄罗斯招募了800人，在英国招募了488人，在法国招募了412人等（数据不包括无法被证实国籍及未知国籍人员）。

由于中东国家长期处于分裂战乱的状态以及宗教信仰因素，尚可理解贫困且受教育程度极低的青年人容易被煽动加入"伊斯兰国"，但西方国家的青少年和穆斯林移民后裔，大多衣食无忧且受到良好的教育，为何也甘愿放弃温暖安逸的家，加入声名狼藉的恐怖组织？本书认为主要原因有三。

一是因为穆斯林移民中的年轻一代产生了身份认同危机。长久以来，西方国家始终缺乏有效的穆斯林移民管理政策，穆斯林族群面临"边缘人"的尴尬境遇，第一代穆斯林移民，由于家庭环境和文化背景的差异，始终难以融入当地主流社群文化。第二代和第三代移民从小在西方国家长大，对西方文化认同感更高，希望能融入

---

① 袁源："'伊斯兰国'西方青少年网络招募机制研究"，《当代青年研究》，2016年第1期，第28—33页。
② Richard Barrett, *Foreign Fighters in Syria*, SouFan Group Report, 2014, p. 6, http://soufangroup.com/wp-content/uploads/2014/06/TSG-Foreign-Fighters-in-Syria.pdf.

```
3750 ┤
3000 ┤ 3000
     │  ■   2500
2250 ┤  ■    ■   2089
     │  ■    ■    ■   1500
1500 ┤  ■    ■    ■    ■
     │  ■    ■    ■    ■   890
 750 ┤  ■    ■    ■    ■    ■   556  400  358
     │  ■    ■    ■    ■    ■    ■    ■    ■   110
   0 ┴──────────────────────────────────────────
       突尼斯 沙特 约旦 摩洛哥 黎巴嫩 利比亚 土耳其 埃及 也门
```

"伊斯兰国"在中东国家招募的人数

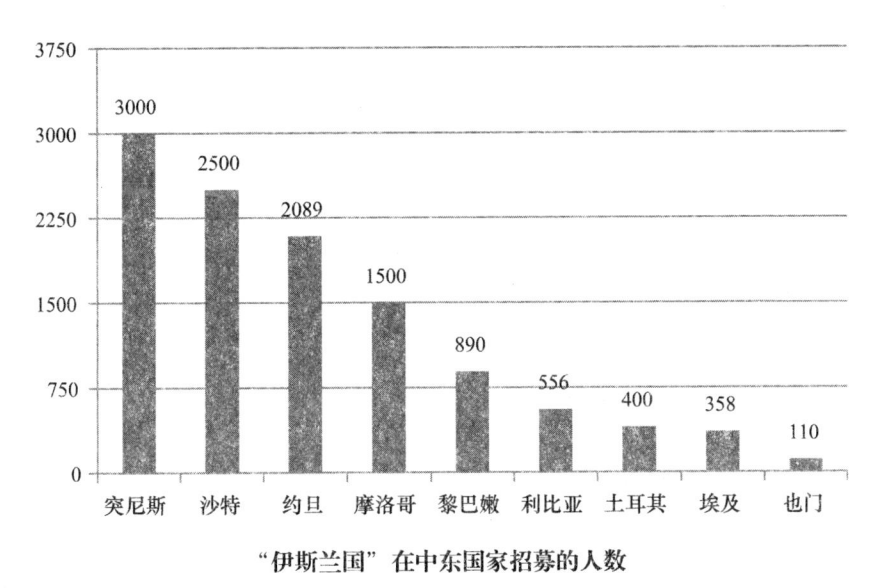

该图由笔者绘制，数据来源：FATF Report: Financing of the Terrorist Organization Islamic State in Iraq and the Levant, 2015, p.21; http://www.fatf-gafi.org/media/fatf/documents/reports/Financing-of-the-terrorist-organisation-ISIL.pdf。

当地社会，当此诉求不能实现时便会产生更为强烈的失望感和挫折感。另外，穆斯林戴头巾、做"五功"等宗教习惯仍被欧洲主流文化所排斥，歧视穆斯林的现象仍然存在，这些都会使穆斯林移民后裔产生身份认同危机。

二是为逃避现实以及追求所谓"崇高理想"。2008年全球金融危机之后，欧洲绝大部分国家经济下滑，社会发展逐渐显露颓势。许多西方国家青年处于无业或失业状态，精神状态和心理健康不容乐观，他们对所在国政府存在不信任感，更容易被恐怖分子煽动。"伊斯兰国"的招募环节不像想象中那么困难，有些年轻人仅通过社交软件进行聊天就加入了恐怖分子的行列。"伊斯兰国"承诺他们一旦加入便能获得金钱、住房等物质奖励，通过武装暴力和枪战游戏般的方式让他们找到了对现实世界宣泄不满的路径，甚至想以此推翻现有社会秩序，重塑个人的社会价值。

三是希望在伊斯兰教法中找到社群归属感。许多被"伊斯兰国"招募的西方青年并不了解伊斯兰教教义，甚至没读过《古兰经》，这些年轻人对伊斯兰教的认知完全来自"伊斯兰国"的宣传。"伊斯兰国"在宣传的时候，刻意偷换了概念，蛊惑青年人献身于"吉哈德主义"，将其称为会带来荣誉和自尊的"神圣事业"。被煽动加入"伊斯兰国"的青年人将暴力扩张行为，看作为"平等、兄弟情谊、冷静"的运动。他们臆想"伊斯兰国"的所有成员都会是自己的"兄弟姐妹"，这让很多处于社会边缘的青年们拥有了"社群归属感"，从而甘愿充当"伊斯兰国"的"炮灰"。

二、对女性的招募

恐怖组织对女性的招募问题也不容小觑。女性在"伊斯兰国"的主要职责是：给"伊斯兰国"士兵作配偶、为"圣战者"繁衍下一代等。然而，"伊斯兰国"对待女性的方式，使它成为了世界上对异性暴力犯罪最严重的恐怖组织。其暴行包括囚禁、虐待、性侵、轮奸，还处决了数以千计的穆斯林和非穆斯林女性。"伊斯兰国"通过美化女性在"伊斯兰国"中的生活，成功招募了大量处于社会边缘的女性。[1]

女性成员的国籍差异导致了分工不同。"伊斯兰国"的女性成员只有17.8%来自叙利亚和伊拉克，82.2%来自亚洲、非洲和西方国家。60%的外籍女性承担了招募者的角色，只有20%嫁给了"伊斯兰国"的士兵，但绝大多数"伊斯兰国"士兵会选择伊拉克或叙利亚的女性成员，并且"伊斯兰国"管理层的女性全部来自叙利亚和伊拉克。事实上，"伊斯兰国"并不信任外籍女性成员，她们的作用更多是为了诱骗外国青年。

---

[1] Amanda N. Spencer, "The Hidden Face of Terrorism: An Analysis of the Women in Islamic State", *Journal of Strategic Security*, 2016, Vol. 9, No. 3, pp. 80 – 82.

"伊斯兰国"对女性成员的身份定位较为多元化,主要包括以下几类。

妻子。"伊斯兰国"对婚姻有明确的定位,认为繁衍后代是女性的核心使命。在"伊斯兰国"内部,女孩年满16岁就必须嫁给"伊斯兰国"的战士,甚至推行"童妻"合法化。事实上,由于国际社会对"伊斯兰国"的打击力度很大,相当多的女性在嫁给"伊斯兰国"士兵后不久就变成了寡妇。

母亲。"伊斯兰国"通过孕育子女来向女性成员传播极端宗教主义思想和伦理价值观。在"伊斯兰国"的宣传中,母亲应该通过持续性地"研习教法"来保护子女,从而培育出新一代的"吉哈德"(Jihad)战士。

后备武装。当"伊斯兰国"面临突发性事件时,才允许特定的女性成员离开住所,包括参加战斗。如果一个女人是寡妇或未婚,她有可能被编入于2014年2月2日成立的女子"警察部队"——"卡桑旅"(Al-Khansaa Brigade)。这支准军事武装实际上是"道德警察部队",为了严格推行伊斯兰教法和道德体系。[①] "卡桑旅"最初是为了搜寻男扮女装的反恐精英,后来职能逐渐多元化,包括训练新兵、监管奴隶、搜集情报、执行法规等。"卡桑旅"的成员年龄在18—25岁,有许多外籍女性,且能够携带枪支和驾车外出。2017年4月,"卡桑旅"通过互联网发布了一条招聘女性黑客的视频,并宣称每月能够入侵100多个互联网社交账户。[②]

互联网招募员。"伊斯兰国"依仗西方女性成员在推特、脸书等

[①] Alessandra L. Gonzalez, Joshua D. Freilich, Steven M. Chermak, "How Women Engage Homegrown Terrorism", *Feminist Criminology*, 2014, Vol. 9, No. 4, pp. 344-366.

[②] Daftari, Lisa, "ISIS all-Female Hacking group looks to recruit more women", *The Foreign Desk*, 19, April 2017, 资料取自2019年6月18日, http://www.foreigndesknews.com/world/middle-east/isis-female-hacking-group-looks-recruit-women/。

互联网社交平台招募了 2 万余名外籍士兵。① 这些女性互联网招募员所组成的团体，是"伊斯兰国"互联网部队的重要组成部分。这些女性互联网招募员的工作任务非常明确，就是吸引外国女性来到"伊斯兰国"控制区，这些被招募的对象往往由于饱受歧视而处于社会边缘。"伊斯兰国"的女性招募员往往为这个女性失意群体提供极具诱惑力的"解决方案"，许诺她们一旦来到"伊斯兰国"就能够获得丰厚的酬金和令人尊重的社会地位。②

民事管理者。"伊斯兰国"构建了一套行政管理体系。③ 这既包括由男性主导的伊斯兰法庭、军队、执法部门等暴力机关，还包括杂货市场、医院、银行、交通设施、邮局等民事机关，由于男性成员通常被抽调到前线作战，因此女性成员被允许参加本社区的安防行动，或担任医生和教师。其中，一些对"伊斯兰国"保持较高忠诚度的女性，会被任命为医院、福利院、社区委员会的管理者。

学生。"伊斯兰国"反对西方所倡导的男女平等，认为女性不应接受高水平的教育，只需接受符合其社会定位的基础教育。为此，"伊斯兰国"为女童设置了特定的教育课程。

令人担忧的是，"伊斯兰国"招募的女性年龄普遍偏低，成为士兵妻子的女性年龄在 14—18 岁，招募员年龄集中于 19—24 岁，而她们成为母亲的年龄也仅在 25 岁左右。这些在花样年华就陷入国际恐怖组织的女性，被恐怖分子蒙蔽和利用，有的更因为违背了"伊

---

① Mia Bloom and Charlie Winter, "How a Woman Joins ISIS", *The Daily Beast*, December 6, 2015, 资料取自 2019 年 6 月 18 日，https：//www.thedailybeast.com/how-a-woman-joins-isis。

② Patrick Cockburn, "Life Under ISIS: The Everyday Reality of Living in the Islamic 'Caliphate' with its 7th Cenury Laws, Very Modern Methods and Merciless Violence," Independent, March 15, 2015, 资料取自 2019 年 6 月 18 日，https：//www.independent.co.uk/news/world/middle-east/life-under-isis-the-everyday-reality-of-living-in-the-islamic-caliphate-with-its-7th-century-laws-10109655.html。

③ Felipe Umana, "The Islamic State: More than a Terrorist Group?" E-International Relations, April 3, 2015, 资料取自 2015 年 4 月 3 日，http：//www.e-ir.info/2015/04/03/the-islamic-state-more-than-a-terrorist-group/。

斯兰国"的内部规则而被无情杀害。

第三节 "伊斯兰国"的互联网招募途径及影响

一、借助社交网络媒体

"伊斯兰国"在脸谱、推特、优兔、汤博乐等平台拥有大量公共账号,并且在诸如 Diaspora、Instagram 等新兴媒体上也十分活跃。"伊斯兰国"充分利用互联网社交平台的低准入门槛和转发功能,使宣传信息如潮水般地涌进网络世界。

"伊斯兰国"善于包装自己,发布一些看似"温馨幸福"的生活图片招徕投奔者。这些音视频和图片以惊人的速度在互联网中传播,悄无声息地改变着许多人对"伊斯兰国"的认知态度。

二、利用电子刊物

"伊斯兰国"创办了多种语言的电子刊物,其中最有影响力的一本在其伊拉克控制区内发行纸质版,同时线上发行英语、法语、德语、俄语、阿拉伯语五种语言电子版。这是一本"集政治、宗教和军事为一体的综合性月刊",按伊斯兰历出版,每期约50页,内容翔实,装帧精美,辅以高清图片。截止到2015年12月,共发行了12期。其是"伊斯兰国"宣传策略中十分重要的一环。

二、制作视频、开发游戏和研发专属 APP

尽管"伊斯兰国"期望复兴中世纪的"伊斯兰国统治",但仍使用最现代化的宣传方式。首先是极具煽动性的视频。他们针对不同受众的文化背景,大量生产和传播极具煽动性的视频资料。"伊斯兰国"影音宣传活动的规模非常大,仅在 2014 年 1 月至 2015 年 9

月期间，他们进行了845次影音宣传。"伊斯兰国"为了吸引年轻人，还开发了相关网络游戏，意图在年轻人中制造"认同感"；同时研发推广一款新闻客户端，于2014年4月上架，被广泛下载使用。①虽然此APP已被下架，但"伊斯兰国"通过之前掌握的用户名单，筛选出"坚定支持者"后，仍然可以通过后备邮箱等方式向其推送有关"伊斯兰国"的最新信息。

四、"伊斯兰国"互联网招募的影响

"伊斯兰国"不仅想在现实世界中开疆扩土，还想在虚拟世界中攻城略地。其在控制区不时发动恐怖袭击，危及中东地区稳定乃至全世界的安全；同时通过招募、教唆西方青少年，尤其是西方国家第二代穆斯林移民，将"伊斯兰国"的理念和"教义"传播延续下去。"伊斯兰国"进行互联网招募的危害，大致可归纳为两个方面。

一方面，成为其他恐怖组织效仿的对象。"伊斯兰国"的宣传营销手段，打破了许多传统恐怖组织的常规宣传模式，借用快速发展的网络信息技术，使其宣传呈现传播速度快、范围广、影响深，拦截效率低、难度大，招募成本低等特点，必然成为其他恐怖组织效仿学习的"标杆"。由此，网络社会中将会出现大量阻碍社会文明进步的信息，必然危害青少年的心理健康。"伊斯兰国"发布的"恐怖袭击威吓"和"恐怖袭击预警"信息和视频，将会使个别极端分子找到可趁之机，借"伊斯兰国"的旗号趁机作乱，引起社会恐慌，增大社会治安的管理难度。

另一方面，造成暴恐活动全球化。"伊斯兰国"通过网络招募的人不可能都顺利到达其势力范围内。针对这点，"伊斯兰国"在宣传时会告诉支持者们，除了前往"伊斯兰国"直接参与所谓的"圣战"，还可以在本国本地自行发动暴恐活动。这些受到煽动的支持者

---

① Sarah Kaplan, "Founder of App Used by ISIS Once Said 'We Shouldn't Feel Guilty', On Wednesday he banned Their Accounts", *Washington Post*, November 19, 2015.

会演变成破坏其母国社会稳定的"潜伏者"。而那些抵达"伊斯兰国"组织内的人,大多变得"激进化、军事化、暴力化",在学习了实施暴恐技能之后返回本国,从而成为危害社会安全的隐患。①

"伊斯兰国"利用信息网络技术进行网络招募,不仅阻碍了社会文明的发展,而且成为信息网络技术进步和全方位反恐的绊脚石。"伊斯兰国"的互联网招募机制,是知识与信息公开化的产物,比起恐怖袭击造成的人员伤亡,更可怕的是其极端意识形态的互联网传播对人类社会的负面影响。因此要高度重视恐怖组织的互联网招募机制,善于利用先进传播理论及信息网络技术,制定相宜的反击战略。

---

① Ghaffar Hussain, Erin Marie Saltman, "Jihad Trending: A Comprehensive Analysis of Online Extremism and How to Counter It", *Quilliam*, May 2014.

第三章　国际恐怖组织的互联网募资机制

各国政府在打击恐怖组织融资的实践过程中，存在情报搜集与能力建设的短板。本章旨在研究国际恐怖组织的募资渠道及其对国际金融体系稳定的威胁。考虑到国际恐怖组织募集资金与发动暴恐行动的多样性与复杂性，本书重点研究以"伊斯兰国"为代表的国际恐怖组织募集与转移资金的方式，来探寻挫败恐怖组织资金流动、冻结涉恐资产、预防恐怖组织攻击金融机构的路径。

第一节　国际社会打击恐怖组织募资的现状

一、恐怖组织募资的"准国家化"

"伊斯兰国"作为"基地"组织伊拉克分支的"继任者"，一直致力于暗中破坏伊拉克、叙利亚以及中东地区的稳定，多次发动令人发指的恐怖主义暴行，对国际和平与安全构成了直接威胁。早在"伊斯兰国"占领伊拉克和叙利亚部分国土之前，就已经充分利用"基地"组织的内部融资与沟通网络，为前往伊拉克发动暴恐袭击的武装分子提供信息协助与物质便利。"伊斯兰国"利用高新科技和互联网散播、宣传其暴力极端主义思想，并且借此引诱世界各国的恐怖分子前往叙利亚与伊拉克发动暴恐袭击。其政治目标是试图通过极端主义思想和恐怖主义暴力行动来改变中东地区的既有政治秩序，将中东这一世界最大的穆斯林聚居区置于其恐怖政治控制之下。

"伊斯兰国"的恐怖主义融资活动与其他大部分恐怖组织有着明显的区别,这是由于"伊斯兰国"与"基地"组织、"努斯拉阵线"在领导结构和行动机制方面的差异性所致。"伊斯兰国"主要采取"以战养战"的策略,通过对控制区进行经济压榨来获得运转资金,而不像其他恐怖组织那样依靠外界捐助。一方面,"伊斯兰国"对控制区居民开展了一系列有计划的敲诈勒索和劫掠盗窃,剥削当地普通民众及其物质资源;另一方面,"伊斯兰国"还充分利用这一地区充沛的能源与社会资源来扩充财源,例如贩卖石油、控制银行等公共设施来向当地企业和民众征税。

由于"伊斯兰国"的绝大多数恐怖主义收入来自于对其控制区内的绑架勒索及其他非法犯罪所得,这一行动趋势为国际社会带来了巨大威胁与挑战,并促使人们认识到斩断国际恐怖组织资金链的必要性。对于"伊斯兰国"而言,如果无法找到替代性收入来源并维持对控制区的控制,将面临财源枯竭的困境。除此以外,虽然外界捐赠在"伊斯兰国"运转资金中的比例相对较低,但其仍然重视通过互联网技术进行跨国募资、转移其资金。"伊斯兰国"凭借对土地和人口的实际控制,在其控制区建立了等级分明的行政机构,这标志着国际恐怖组织的募资方式,从以"基地"组织为代表的捐赠性募资,演变成以"伊斯兰国"为代表的行政性募资,从而推动恐怖组织的政治目标从"声望提升"转变为控制土地与人口。

二、国际社会对国际恐怖组织融资的打击力度

各国反恐的国际法依据,来自于联合国安全理事会的相关决议。[①] 联合国安理会在2199号决议当中着重谴责了"任何以直接或

[①] 联合国安理会出台的反恐决议包括:1999年通过的1267号决议、2001年通过的1373号决议以及2014年分别通过的2161号决议、2170号决议、2178号决议和2015年通过的2199号决议。

间接的方式参与'伊斯兰国'非法交易的行为",并且要求所有成员国共同预防、遏制国外恐怖分子的四处流窜及其可能发动的恐怖袭击活动。根据联合国安理会第 2170 号决议,联合国下属的"基地"组织和塔利班武装特别监督小组(以下简称"监督小组")于 2014 年 11 月 14 日发布了《关于恐怖组织"伊斯兰国"和"努斯拉阵线"的监督小组报告》。

依据《联合国"基地"组织制裁名单》,"伊斯兰国"应该受到相应的处罚与制裁,而切断"伊斯兰国"的资金链是重中之重。联合国安全理事会 2170 号决议和 2199 号决议明确阐述了"伊斯兰国"的资金来源,其中包括:对控制区内的油田和其他基础设施相关企业征税、绑架勒索赎金、接受捐助、互联网筹资、通过空运或者其他运输方式转移黄金和贵重物品、在国际黑市出售资源等。除此以外,联合国安理会 2178 号决议也明确要求各个成员国一道共同预防、遏制国外恐怖分子的四处流窜,以及在这一过程当中可能发动的恐怖袭击活动。

基于联合国对于"伊斯兰国"恐怖主义行径的谴责,2014 年 10 月,政府间国际组织"反洗钱金融行动任务组"发表了一份声明,[①]表达了对"伊斯兰国"融资活动的深切担忧,强调落实旨在挫败和遏制"伊斯兰国"融资活动的相关条款和行动标准的重要性和迫切性,呼吁世界各国共同采取措施防止"伊斯兰国"利用其国内的金融体系,并就如何打击恐怖分子融资设置预防性机制与行动措施。随后,金融行动任务组启动了一项为期 4 个月的合作项目,以充分调研"伊斯兰国"的筹集、转移、使用资金以资助恐怖主义活动的运转模式。

---

① 反洗钱金融行动任务组(Financial Action Task Force,FATF)是西方七国为专门研究洗钱的危害、预防洗钱并协调反洗钱国际行动而于 1989 年在巴黎成立的政府间国际组织,是目前世界上最具影响力的国际反洗钱和反恐融资领域最具权威性的国际组织之一。

目前,金融行动任务组的成员国和其他一些联合国会员国已经提交了"伊斯兰国"暴力掠夺、走私原油及其衍生物、获得同情者捐助等募资渠道的调研资料和研究报告。除此以外,还深入研究了"伊斯兰国"用于转移日常运转资金和其他资产的行动机制,包括:违法使用货币与资产转移服务,走私现金、黄金、钻石等贵重物品。

2014年11月9日,巴林王国主办了打击恐怖组织融资的麦纳麦会议(Manama Meeting on Combating the Financing of Terrorism),与会各国政府展现了遏制恐怖组织融资活动的坚定决心。金融行动任务组作为参会方,鼓励各国严厉打击活跃于中东地区的恐怖组织。麦纳麦会议标志着国际社会在打击恐怖主义融资进程中,迈出了积极且富有价值的一步,充分展现了国际社会的决心和毅力,揭示了金融行动任务组与联合国安理会在打击国际恐怖组织融资渠道方面的政策关联性。麦纳麦会议要求参会各国政府积极参与金融行动任务组发起的反恐募资全球网络,全面且有效地执行金融行动任务组所发布的反恐募资建议。

第二节 国际恐怖组织的募资渠道

"伊斯兰国"通过劫掠控制区经济资源等犯罪活动,形成了一系列复杂的敲诈勒索行动模式,这一模式与其他犯罪集团筹措运转资金的形式类似。具体而言,"伊斯兰国"的敲诈勒索行动大多采取向当地民众收取所谓的"服务费"和"保护费"的方式进行,包括征收燃料税、通行税、义务教育费等。"伊斯兰国"实行敲诈勒索的基础,建立在对控制区民众的生命财产威胁,以及对社会经济资源的暴力垄断之上。"伊斯兰国"控制区的经济资产包括四个部分:银行存款与外汇,石油和磷酸盐等自然资源,种子、粮食、化肥等农业资源,古迹文物等文化资源。因此,"伊斯兰国"对控制区民众的敲诈勒索而获取的财富主要来自物质化的经济资产和外汇现金。"伊斯兰国"主要从以下八个方面募集日常运转资金，按照所占总收入的比例依次排序为：（1）劫掠银行和贩卖人口；（2）出售石油；（3）敲诈农民；（4）出售矿产；（5）走私文物；（6）非法征税；（7）榨取伊拉克公职人员的薪金；（8）绑架勒索。

总体而言，上述八个募资渠道的来源会随着当地经济资源的分布状况，以及多国部队打击"伊斯兰国"所取得的进展而发生变化。与此同时，"伊斯兰国"还试图通过制定一套支出与收入的收据凭证以展示其收入所得的复杂程度，并建立内部财务管理系统。虽然"伊斯兰国"将"征收税款"和"慈善捐助"列为其收入来源，但实际上该组织私下运行着一套通过提供"强制性保护"而获得"被迫捐赠"的敲诈骗局。当地民众和企业通过非自愿性地"捐助"来购买短暂的人身安全保障，以及企业临时性经营的保证。

一、劫掠银行和贩卖人口

"伊斯兰国"从控制区的银行机构中获取了大部分的日常运转资金。仅在2014年下半年，"伊斯兰国"就对伊拉克尼尼微省（Ninevah）、安巴尔省（Al-Anbar）、萨拉丁省（Salah Din）和基尔库克省（Kirkuk）的多家国有银行及其分支机构进行劫掠，筹集了至少5亿美元的非法收入。与此同时，由于"伊斯兰国"的日常运转资金主要以第纳尔进行计价与兑换，因此，这也使得"伊斯兰国"很难在控制区使用这部分美元资产。"伊斯兰国"在伊拉克境外所进行的每一笔交易，都需要将募集的第纳尔现金兑换为相应的外币，或直接使用美元支付。

"伊斯兰国"通过劫掠银行来募集资金的行动，迅速扩展到该组织所控制的其他地区和城市。在"伊斯兰国"最猖獗时期，其在叙利亚的控制区就分布着20余家银行机构的分理处。遗憾的是，国际社会尚未全面了解"伊斯兰国"劫掠银行机构的具体措施，同时部分学者和科研机构也质疑这些被"伊斯兰国"控制下的银行机构，是否具备向控制区民众提供金融服务的能力。

贩卖人口是"伊斯兰国"获取日常运转资金的另一来源。2014年12月，英国广播公司对于多位来自伊拉克北部地区雅兹迪族聚居区的女性进行了采访，多位受害者分别描述了其被"伊斯兰国"绑架后，在该组织举行的"奴隶拍卖会"上被买卖的悲惨遭遇。"伊斯兰国"的武装人员能以一个相对较低的价格（大约13美元）买到一个奴隶，而被绑架的妇女若想获释，其家属则需支付3000美元的赎金。由此看来，贩卖人口不仅是"伊斯兰国"勒索赎金的重要渠道，而且是安抚其武装人员的重要手段。

二、出售石油

"伊斯兰国"认为能源资产是一种稳定且增值的收入来源，因此并没有大规模摧毁所到之处的石油开采设备，而是积极介入管理控制区的石油基础设施。在"伊斯兰国"占领的叙利亚东部地区和伊拉克西北部地区，分布着多块可供其开采的油田。"伊斯兰国"大规模进行原油开采和提炼，一方面供其自用，另一方面则用于出售或者交换。但是，由于缺乏油气开发的技术骨干和足够多的管理人员，"伊斯兰国"无法有效管理石油和天然气资产。

自2011年以来，中东地区的原油及其衍生品走私偷运活动大幅增长，地理范围涵盖了"伊斯兰国"控制区及其毗邻地区。目前，国际社会尚未厘清"伊斯兰国"的走私网络，难以统计"伊斯兰国"通过走私贩运原油及其衍生品的总体收入，而执法部队所缴获的走私石油产品也难以判断其真正的来源。

三、敲诈农民

"伊斯兰国"将叙利亚和伊拉克的农业生产视作开展敲诈勒索的目标，及扩展财源的新途径。"伊斯兰国"通过非法占领农作物产区、控制农业生产资料、垄断农产品贮藏与分配等方式操纵农产品价格，从中获取暴利。"伊斯兰国"占领的叙利亚阿尔拉卡（Al-Raqqa）广袤富饶的农村，拥有着大量的粮食、资金、人口资源。基于此，"伊斯兰国"以开展"天课"的名义，向当地农民强制征收小麦和大麦等农作物。另外，"伊斯兰国"还暴力没收当地农民的农用机械，随后又高价强制租借给这些农民。

联合国粮食与农业组织公布的统计数据显示："伊斯兰国"在伊拉克的控制区，拥有伊拉克全国40%的小麦种植面积，这为"伊斯兰国"带来了一个从小麦产业获利的绝佳机会，同时也为其打击反"伊斯兰国"族群实行战略性物资管制提供了契机。"伊斯兰国"通过抢掠粮库、压榨农场员工等方式抢夺了大量粮食和农产品，为了掩盖罪行，"伊斯兰国"将其盗抢的农产品与当地生产的农产品进行混合出售。自2014年6月以来，"伊斯兰国"控制着伊拉克国内大约16个小麦粮库，其中包括最大的迈赫穆尔（Makhmur）粮库，该粮库储存着伊拉克全国8%的粮食。

除了通过贩卖农作物获得非法所得之外，"伊斯兰国"还利用其控制下的水资源威逼恐吓控制区的农民和其他民众。例如通过恶意倾泻费卢杰大坝（Fallujah dam）的存水，冲毁了伊拉克南部地区的大部分农田，不仅造成下游地区160平方公里的农作物产区遭到摧毁，而且导致卡尔巴拉市（Karbala）、纳杰夫市（Najaf）和巴比尔市（Babil）的数百万民众遭遇供水危机，使之被迫屈服于"伊斯兰国"组织。

四、出售矿产

"伊斯兰国"控制区的矿产资源生产设施一直在秘密运转，并且已经成为该组织恐怖主义活动资金的来源之一。

相较于贩卖原油及其相关产品而言，叙利亚和伊拉克缺乏针对磷矿、盐酸等化工材料的走私路线和所谓的"黑市"。"伊斯兰国"

采取分散化、临时化交易的方式出售矿产资源及其化工产品，从而尽可能从掌控的矿产资源中榨取利益。由于"伊斯兰国"采取现金交易的方式，因此很难准确评估"伊斯兰国"究竟从矿产出售过程中攫取了多大收益。

五、走私文物

"伊斯兰国"通过走私文物所获得的收入，在很大程度上取决于该组织控制区内是否存在文物以及文物的数量、是否具备文物鉴赏和估价的能力。"伊斯兰国"从贩卖文物中牟利的方式主要包括以下两种：一是直接出售其劫掠所得的文物，二是向"伊斯兰国"控制区内的文物贩子征收高额税。由于"伊斯兰国"采取跨境走私和"黑市"销赃的方式，因此很难评估其出售文物所得。但舆论普遍认为"伊斯兰国"通过走私文物获得了数千万美元的活动资金。

"伊斯兰国"控制区内存在4500多个考古遗址，其中多处为联合国教科文组织所认定的世界遗产遗迹。叙利亚国内大约90%的文物古迹都分布于交战地区，这也为"伊斯兰国"大规模洗劫文物资源提供了绝佳的机会，能够从叙利亚的考古现场以及艾尔那不科（al-Nabuk）地区获取大量珍贵的古董。

六、非法征税

虽然武装冲突频发导致了叙利亚和伊拉克严峻的地区安全局势，但穿梭于交战双方的贸易活动仍然存在，保障贸易活动正常运转的资金链也并未中断。因此"伊斯兰国"以征收"进出口关税"为名，向通过其控制区的商贩征收苛捐杂税，例如在伊拉克北部地区征收200美元"公路税"，以及针对从叙利亚和约旦进入伊拉克境内的运输车队征收的800美元"关税"。

七、榨取伊拉克公职人员的薪金

"伊斯兰国"还直接从途经其控制区的现金运输活动中牟利。为此，伊拉克政府采取了一系列措施，避免向设立在"伊斯兰国"活跃地区的国有银行分理处运输货币，同时避免直接向"伊斯兰国"控制区的公职人员发放薪资，而是采取将这部分现金押运到基尔库克和未被"伊斯兰国"控制的地区进行"异地支付"。但是，当部分工作在"伊斯兰国"控制区的公务人员前往基尔库克等地区领取工资（大多以现金的交付形式），并且返回其工作地区后，他们需要向"伊斯兰国"上缴工资总额的 50% 的税。伊拉克公职人员的数目庞大且薪资水平相对较高，每年工作在"伊斯兰国"控制区的伊拉克公职人员的薪金总值约为数十亿美元，这意味着"伊斯兰国"每年可以这种方式谋取数亿美元的收入。因此压榨公职人员为"伊斯兰国"提供了持续稳定的财源。

八、绑架勒索

"伊斯兰国"已经绑架了数百名人质，主要是伊拉克和叙利亚平民、少数民族和外国公民等。这些遭到"伊斯兰国"绑架的受害者，一部分被挟持索要赎金，另一部分则被残忍杀害以起到恐怖威慑的作用。除此以外，"伊斯兰国"还通过跨境交换的形式向其他反政府武装组织"收购"大量西方国家人质。仅 2014 年，"伊斯兰国"就通过绑架勒索的方式筹集了 4500 万美元左右的资金。由于"伊斯兰国"勒索赎金的过程大多由私营公司负责交涉，后者也从人质绑架过程中受益，因此这些"捐客"公司游走在法律底线之外，大多隐瞒交易内幕，鼓动受害方以现金而非银行转账的方式交付赎金，以免留下证据。由于"伊斯兰国"的绑架勒索形成了一条保密性强的黑色产业链，最终导致国际社会很难准确评估其赎金收入，各国有关部门在侦查、辨别以上非法交易行动的进程中，也面临着巨大的挑战和阻碍。

"金融行动任务组"早在 2010 年就开展了以"绑架勒索赎金"为主题的专项研究，该项目对于研究恐怖组织和犯罪团体通过绑架勒索赎金来获得收入的依赖性，以及推动各国政府开展金融反恐的措施构建，提供了一套独特的观察视角。联合国安理会第2133号决议和第2170号决议呼吁各个成员国政府共同打击恐怖主义组织直接或间接地从绑架勒索中获益。除此以外，联合国安理会第2161号决议要求各国政府禁止任何机构或个人以任何形式向"基地"组织制裁名单当中的恐怖组织（包括"伊斯兰国"）交付赎金，严令禁止受害者直接支付赎金，以及中介机构间接交付赎金。以上制裁与限制措施，不仅适用于最终支付赎金的机构或个人，也适用于曾参与此类资金转移进程的各方，包括保险公司、咨询机构以及相关金融辅助机构。

第三节 国际恐怖组织的境外经济援助

来自叙、伊境外机构所提供的捐助资金，虽然占"伊斯兰国"总收入的份额较少，但仍然是其稳定的收入来源。2014年9月24日，美国国家财政部正式将一名"伊斯兰国"高级成员列入制裁名单，此人曾收到来自海湾地区的200万美元捐款。[①]

随着"伊斯兰国"其他收入来源受到国际社会的封锁与打击，来自非营利机构的资金捐助逐渐成为其进行暴恐活动的重要保障。"阿布沙耶夫组织""耶路撒冷支持者"等数个恐怖组织纷纷宣誓效忠于"伊斯兰国"。2019年6月15日，在"伊斯兰国"势微的现状下，来自马里和布基纳法索的恐怖分子宣誓效忠"伊斯兰国"，同"基地"组织西非分支进行"领导权"之争，这一行为可能将推动恐怖组织之间发展更为稳固的联系，最终导致任何恐怖主义组织都

---

① Monitoring Team Report on ISIL and ANF at 28.; Dalton, M., & Coker, M. "How Belgium became a jihadist-recruiting hub", *The Wall Street Journal*, 2014, 资料取自2015年4月3日, https://www.wsj.com/articles/how-belgium-became-a-jihadist-recruiting-hub-1411958283。

可能向"伊斯兰国"提供一定的资金援助，反之亦然。

恐怖组织之间可通过国际金融体系进行转汇或转存以实现资金流动，尤其是通过慈善基金会所从事的电子汇款活动进行资金转移，成为"伊斯兰国"进行融资活动的主要运转模式。此外，非盈利组织为部分受捐助者募捐资金所展开的相关公益活动，也存在被恐怖分子利用的风险，因为部分受助者的身份甄别较为困难。另外，一旦捐赠活动的资金来源和交易对象难以核实，国际社会所面临的安全威胁便会大幅提升。这包括：未明确列出交易活动的明细，或者未使用"服务"与"货物"等通用术语，甚至一些募资活动并未与相关组织所宣称的教育、医疗或者人道主义援助等目标存在直接联系。

一、机构与个人账户的募资

利用其他极端主义组织和个人作为资金转移渠道，能够避免"伊斯兰国"进行实地募资的安全风险，主要是进行远程募资，然后以"捐赠"的名义转汇给"伊斯兰国"在中东某地的账户。

由于恐怖组织无法在全球范围内转移资金，或者依赖于叙、伊境外团体代为转移资金，因此当重视慈善机构和政府部门用于援助、安顿难民的资金流动情况，这部分资金的转移过程可能被恐怖组织所利用。恐怖组织假借慈善机构之手，以捐赠的名义，将其资金从境外汇入恐怖组织的账户，这种混淆资金来源的做法有可能起到"白钱黑用"的效果。除此以外，慈善捐赠的实物和现金运输过程也可能受到恐怖组织融资活动的影响与滥用，从而对国际社会造成安全威胁。需要说明的是：虽然非盈利组织的交易活动的确发生在战争冲突地区，但并非表明非盈利组织在以上地区的全部交易行动均具有较高的安全风险。

为了打击恐怖组织的地下募资网络，金融管理机构依据本国名单和执法部门所提供的相关人员名单以及信息，在定期监督、管控行动的基础之上,通过开展调查和打击行动逐渐整理出恐怖分子海外融资渠道的情报网。与此同时,在分析以上资料信息之后,金融情报机构也能够发现并厘清不同案例之间的内在联系,即普通捐助方和受助方,以及募集与分配捐款方面的通行模式等。执法部队通过调查取证,将涉及恐怖组织融资的机构和个人列入恐怖组织及个人制裁名单,随后向当地法院进行起诉,依法冻结其涉恐资产。

二、国外恐怖分子的物资捐赠

恐怖组织接受来自叙、伊境外的物资支持,包括"金融资产、经济资源和各类财产"。国外恐怖分子提供的物资支持仍然是"伊斯兰国"一项规模相对较小但是必不可少的财源。这些物资支持包括资金捐赠和物品捐赠。

（一）资金捐赠

其他地区恐怖分子对"伊斯兰国"的资金捐赠包括:这些恐怖分子在其母国募集的资金;流散海外的伊拉克、叙利亚侨民提供的捐款。基于此,以上志愿加入"伊斯兰国"的武装分子以及各自形成的社会募资网络,也成为了该恐怖组织获取物质支持和资金援助的重要来源。截至2014年12月31日,至少已经有来自90余个国家的1.9万名国外恐怖分子离开本国前往叙利亚、伊拉克,以加入"伊斯兰国"。国际支持者形成的后备武装成员也为"伊斯兰国"带来了人员和资金两方面的援助。虽然国外恐怖分子的加入造成了武装成员数量的激增,但是总体而言,其携带的资金在"伊斯兰国"整体收入当中所占比例相对较小。

"伊斯兰国"武装成员的国际招募网络的成立,呈现出地区性差异,"伊斯兰国"在运营管理后勤保障和资金财务体系时,需要利用到某种形式的传统银行系统。国外恐怖分子常用的融资方式包括通过转移支付服务商的互联网转汇实现资金转移,而以上资金汇款人通常在"伊斯兰国"控制区附近设有代理服务商。同时,正是存在上述运转机制，使得国外恐怖分子在进入叙利亚、伊拉克冲突地区之后，仍然能够随时获得后续资金的支持。

荷兰政府注意到，在特定的情况下，国外恐怖分子需要从其母国募集资金以保障其日常开销。在执法部门的调查中发现，这些恐怖分子每次的交易金额通常在1000欧元左右。这些资金通过提供货币或价值转移服务机构流向"伊斯兰国"控制区的金融机构账户。国外恐怖分子在"伊斯兰国"控制区附近的自动提款机中取款时，使用的都是母国银行的借记卡。此外有迹象表明，"地下钱庄"等非金融中介机构极有可能直接将现金运送到"伊斯兰国"控制区附近，以供各国恐怖分子进行异地取款。

（二）物品捐赠

国外恐怖分子对"伊斯兰国"的物品捐赠包括武器与军事装备。由于此前大部分武装分子都选择通过土耳其进入"伊斯兰国"，因此土耳其政府严禁携带这些物品的人员入境，并将其驱逐回母国。

三、国外恐怖分子的资金流通渠道

大批的国外恐怖分子自费前往"伊斯兰国"管控地区，参与其发起的恐怖主义活动。这些国外恐怖分子除了购买旅行机票之外，随身会携带总额不超过1000美元的现金。由于叙利亚和伊拉克的跨境运输现金申报制度存在漏洞，因此有些恐怖分子会携带大量现金跨境前往"伊斯兰国"的大本营，以此支持该恐怖组织的日常运转。虽然金融情报机构和边境检查机关侦破此类走私现金案件的难度较高，但也为开展跨部门合作提供了契机。例如，法国政府通过多年的跨部门反恐合作，梳理出国外恐怖分子的资金流通渠道包括：虚假退税；社会福利补贴（失业补助和家庭津贴）；信用卡透支；通过互联网社交和游戏平台募集资金等。这些资金通过现金和电子汇款的方式最终到达"伊斯兰国"的账户。

第四章 互联网时代的国际反恐合作

善用互联网平台是恐怖组织进行自我营销的秘诀。近年来，随着各国互联网反恐的力度不断加大，"暗网"成为"伊斯兰国"等国际恐怖组织招募人员与筹集资金的避风港。此外，恐怖分子采取"孤狼"式袭击，对城市安全体系构成了重大隐患。随着熟稔互联网的恐怖分子进入"暗网"，互联网反恐将成为国际反恐斗争新前线，各国必然加大反恐投资力度，开展国际反恐合作，从而引发一场国际联合打击恐怖主义的持久战争。本章阐释了国际恐怖组织应用"暗网"的技术路径及其危害，对"孤狼"式恐怖袭击进行动因分析，提出国际互联网反恐合作的理论构建与政策建议。

第一节 国际恐怖组织的"暗网"攻势

近年来，国际恐怖组织趋向于积极利用互联网开展活动，包括发布信息、自我宣传、筹集资金、招募人员、秘密联络、非法交易等，其借助互联网和新媒体进行跨国动员的趋势，促使各国反恐战略的工作重心从"应急处置"向"反恐预警"转移。2015年的巴黎暴恐案反映出国际恐怖组织的互联网攻势对各国首都安保体系的巨大威胁，而"伊斯兰国"等国际恐怖分子之间使用"暗网"加密科技进行暴恐策划与交流，使之在互联网空间能够躲避各国政府的追踪、定位与抓捕。最新互联网安全研究发现，"暗网"将成为国际恐怖分子的避风港,"暗网反恐"成为当前国际恐怖主义研究的重要议题。鉴此,本节在阐释"暗网"概念与基本架构的基础上,深入剖析"伊斯兰国"等国际恐怖组织如何利用"暗网"进行动员活动。

一、从"明网"到"暗网":互联网反恐的深度解析

互联网是一个多层结构:"表层网"(Surface Layers),又称"明网",指的是通过超链接就可以被常规搜索引擎搜索到的页面集合。"底层网"(Deeper Layers),又称"暗网",指的是无法被谷歌等常规搜索引擎检索到的、需要严格注册才能浏览的结构化数据集合。[①]底层网的最底部包含了故意隐瞒的内容,需要通过动态请求方可进入,借助"洋葱路由"(The Onion Router,TOR)等特定搜寻器才能找到。"暗网"具有链接简便、高匿名性、金钱交易便捷、意识形态混杂等特点。"暗网"的体量比"明网"大得多,"明网"的数据量只占整个互联网空间的4%,"暗网"则占96%,约8ZB。[②]

"暗网"并非单一的形态,而是分为三种基本类型。一是I2P(Invisible Internet Project)匿名网络,采取的是封包交换的方式以实现安全、匿名地聊天与传输文档。二是以"洋葱路由"为代表的P2P匿名网络,采取分布式技术,让每个用户的计算机都成为加密的中继连接,用户在访问"暗网"时,不会留下完整的链接痕迹。三是以FIRECHAT(一款不需要数据流量的聊天应用)为代表的自组织匿名网络。每个节点通过特定的自组织协调机制,以适应包括无线网在内的各种网络条件下的网络通信任务。当前,个人需要使用特殊软件才能进入"暗网"。在"暗网"中,一个访问者必须知道目标网站的准入端口。尽管有少数搜索引擎能够访问"暗网",但

[①] 赵兵、郭才正:"深网和搜索引擎",《情报搜索》,2016年第1期,第90页。
[②] 1ZB=1亿TB。姚华:"追踪隐藏在暗网深处的匿名者",《计算机与网络》,2015年第13期,第36页。

它们在范围与使用效果方面都极其有限。

"绝对隐形"是"暗网"的核心特征，这包括网站隐形、用户身份隐形、IP 地址隐形等。因此，"暗网"通常用来保护数据安全，在军、商两界广泛使用。在军事通信领域，能够有效防止敌方的数据追踪，提升军事通信安全。在电子商务领域，既能保护商业信息，同时也可通过建立加密通道来保护云服务使用者的个人隐私。

美军是"暗网"的最大资助方。以使用最广的 TOR 软件为例，TOR 最初是美国海军研究实验室研发的一款匿名网上搜索工具。这依赖于一个志愿计算机网络通过一系列其他用户的计算机来更改某些用户的网络路由，能够有效防止流量分析与监听，从而保护使用者的隐私。虽然并非所有的暗网都使用 TOR 与 ONION 地址，但所有启用 TOR 的浏览器能够访问任何网站而不会泄露访问者的信息，正因为如此，TOR 面临被犯罪分子滥用、敌国情报机构监控的风险。如今，TOR 在互联网中的中继节点为 4000 个，大多位于美、德、法等国，日常用户已过百万，因此被称为"暗网之基"。为了控制这一新兴的网络阵地，其运作资金的 60% 仍来自美国政府。

二、恐怖组织在"暗网"的具体活动

由于"暗网"基本处于无人监管的状态，因此恐怖分子常常利用"暗网"的匿名性进行非法金融交易、反政府串联、恐怖宣传等破坏活动。

第一，恐怖分子广泛利用虚拟货币是进行资金转移。随着各国对现金出境和"明网"金融交易的监管日益严格，使得恐怖分子难以通过常规方式进行资金积累与转移，"暗网"的虚拟货币运行模式为恐怖分子打开了募资新渠道，使其能够将法定货币与虚拟货币在"暗网"中进行兑换与转移，甚至在影响力较大的论坛自助生产加密的货币，从而形成稳定的资金链。互联网虚拟货币分为集中型虚拟货币，即由单一实体管理运营的"网络货币"（Web Money）和"完美货币"(Perfect Money);以及没有实体进行管理的分散型虚拟货币,如"比特币"(BitCoin)和"黑币"(Black Money),通过网络中分散的用户节点进行交易,汇款人与收款人的交易信息都被隐藏起来。当前"暗网"中使用量最大、美誉度最高的比特币被称为"暗网美元"(Dark Web Dollar),也最受恐怖分子青睐。如今,57%的"暗网"空间充斥着色情、非法融资、贩毒、武器交易、假币贩卖等非法信息。[1]"暗网"的匿名性使得恐怖分子的相互勾连、秘密交易更加难以监管,使之逐步成为"密买密卖"的金融黑市平台。

第二,利用"暗网"进行网络攻击成为恐怖分子反政府的重要途径。恐怖分子与一些持不同政见者、"社会活动家"等沆瀣一气,使用"暗网"进行非法信息传送和秘密结社,还采用匿名软件发送大量宣传邮件,争夺互联网舆论引导权。这些反政府活动的幕后组织者,为了隐匿操纵政治运动的信息,往往寻找使用加密功能强大的软件。

第三,"暗网"已经成为恐怖组织的重要宣传平台。从20世纪90年代起,恐怖组织就已经活跃在各大互联网在线平台。然而,表层网很难实现匿名化,恐怖分子容易被监控、追踪并最终被找到藏身之所,很多位于表层网的恐怖主义网站和社交媒体都被反恐部门密切监控,并常常被关闭或入侵,因此在"明网"实施恐怖信息传送与恐怖分子串联的风险极大。如"伊斯兰国"在表层网的一举一动都受到各国的密切关注,各国屏蔽或过滤极端主义内容,使得恐怖主义分子不得不寻找新的在线安全平台。[2] 相反,在"暗网",非

---

[1] Moore, Daniel. & Rid, Thomas. "Cryptopolitik and the Darknet", *Survival*, 2016(1), pp. 7 – 38, 资料取自 2018 年 12 月 12 日, http://www.tandfonline.com/doi/full/10.1080/00396338.2016.1142085。

[2] Hussain, Ghaffar and Saltman, Erin Marie. "Jihad Trending: A Comprehensive Analysis of Online Extremism and How to Counter It". *A special report by Quilliam*, 2014, 资料取自 2018 年 12 月 12 日, http://www.quilliamfoundation.org/wp/wp-content/uploads/publications/free/jihad-trending-quilliam。

聚集化（Decentralized）和匿名性使得这些恐怖主义平台能够避免被锁定和关闭。

如今，以"伊斯兰国"为代表的国际恐怖组织，纷纷将交流信息与平台转移进了"暗网"，开始全面利用"暗网"来推广信息和自我宣传。

三、"伊斯兰国"的"暗网"转向

一般而言，恐怖分子在"暗网"的活动，都被描述为"与在表层网的活动相似，只是更加隐秘而已"。然而，这只说对了一半，"暗网"为恐怖分子提供了新的互联网生存机遇。恐怖分子利用"暗网"发布招募信息、激进宣传信息、募资信息、开展恐怖袭击的协调信息等。2013年8月，美国国家安全局破译了"基地"组织领导人Ayman Al-Zawahiri和"基地"组织也门分支领导人Nasir Al-Wuhaysi的加密通信。美国国家安全研究所揭示说：近十年来，"基地"组织领导人之间的互联网交流，已经从"明网"转入到"暗网"之中。除此之外，其他恐怖组织也都效仿"伊斯兰国"的"暗网"宣传。

"伊斯兰国"恐怖分子还使用"暗网"进行融资、转移财产和非法购买武器炸药，并使用比特币等虚拟货币和其他加密货币。2015年1月，总部设在新加坡的互联网情报公司S2T发现了一个自称与"伊斯兰国"有关的美洲恐怖分子小组将收集比特币作为募资方式。① 另一个例子来自于印度尼西亚的恐怖组织"伊斯兰祈祷团"，无论是国内和国外捐资者，都是通过在"暗网"的比特币交易平台对其进行资金捐赠；甚至，通过从"暗网"中盗取的身份信息，该组织攻击了一个外汇交易网站，募集了近百万美元。

---

① "U.S. – based ISIS Cell Fundraising on the Dark Web, New Evidence Suggests", Haaretz, January 29, 2015, 资料取自2018年12月12日, http://www.haaretz.com/middle-east-news/.premium – 1.639542。

四、"暗网"恐怖主义带来的挑战及其应对

"暗网"已经成为全球恐怖组织和跨国犯罪的主要平台。2016年3月,法国内政部长贝尔纳·卡泽纳夫(Bernard Cazeneuve)在国民议会上声称"伊斯兰国"恐怖分子已经广泛使用了"暗网",近年来策划欧洲城市暴恐案的恐怖组织也都使用了"暗网",并通过加密信息进行内部联系。2016年4月,美国前总统奥巴马在华盛顿对来自50个国家的元首和外交部长致辞中,描述了恐怖组织如何在"暗网"上购买铀和钚等核材料。尽管各国都加强了对"暗网"搜索平台的监管,但成效并不明显,面临着来自技术和法律的双重挑战。

一是"暗网"的开发者利用"云服务"运行多个网络互连的网桥,从而形成数以万计、可供恐怖分子藏匿的虚拟点,使得各国政府在"暗网"追踪恐怖分子更加困难。二是隐私保护成为"暗网"反恐的难解之题。"暗网"代表了部分网民匿名上网以保护隐私的合理需求,但这也使得恐怖分子能够大肆散布极端意识形态,进行犯罪交易。由于保护个人隐私在互联网治理立法过程中尚存在漏洞,各国未就访问"暗网"的个人隐私保护问题设置明确的法律约束条款。三是"暗网"的接口隐蔽性高,恐怖分子经常变动信息发布地址,且采取"一对一"的私聊方式传播,文件下载常常通过隐藏"暗网"接入软件地址的BT下载和网盘下载等方式,使得反恐部门难以摸清上传者与使用者的身份。此外,智能手机移动终端的大幅增多,也使得"暗网"接入软件的使用更为频繁,提高了追踪成本。

由此看来,恐怖分子使用"暗网"为各国政府的反恐政策与城市安全体系建设带来新的挑战,这急需发展新的方法和标准来应对恐怖分子使用"暗网"的举动。本书认为可从以下三个方面进行思索。

第一,完善对"暗网"涉恐信息的监测科技。美国国防部高级

研究项目局认为可以通过 MEMEX 软件找到恐怖组织隐匿在"暗网"的账号与交易平台,该软件能够对底层网进行更好的编目。MEMEX 最初被用来监控"暗网"中的人口贩卖信息,但也可用于"暗网"中几乎所有的非法活动。2015 年 2 月,一篇名为《"暗网"对互联网治理的影响与网络安全》的特别报道提出了若干应对"暗网"犯罪的建议。① 2015 年 2 月,美国联邦调查局使用 NIT(网络调查技术)的工具成功破解了 TOR 网站,NIT 是迄今为止最复杂的网络检测工具,能够破解 TOR 所提供的所有隐匿保护,一次可在"暗网"探索 1300 个真实 IP 地址,然后顺藤摸瓜找到真实使用这些网址的人。不仅如此,用户电脑的操作系统与用户名、MAC 地址、主机名都能被捕获。这对打击恐怖组织的互联网营销起到非常大的作用。

第二,建立对"暗网"的管理规范。2015 年 2 月,美国成立"网络威胁情报整合中心",能够开展部际合作、整合反恐数据、协调互联网反恐工作。2015 年 12 月 18 日,美国出台《网络安全法》,将"网络威胁指标"与"防御性指标"作为网络安全信息共享的范围,重点审查互联网的信息共享方式、组织机构、责任豁免、隐私保护规定等。2015 年 8 月 5 日,中国政府公布《中华人民共和国网络安全法(草案)》,规定网络产品和服务提供者不得设置恶意程序,明确赋予有关主管部门处置阻断违法信息传播的权力。2015 年 11 月 4 日,英国通过《调查权力法草案》,赋予警方和安全部门更大的网络调查权,并于 2015 年 2 月成立互联网反恐作战部队"77 旅",专门打击"伊斯兰国"的网络恐怖主义。法国于 2015 年 3 月起实施《反恐情报监控法案》,使法国政府无需经过法律程序就可限令互联网供应商在 24 小时之内关闭涉恐网站。俄罗斯强制要求日均

---

① Michael Chertoff, Tobby Simon, *The Impact of the Dark Web on Internet Governance and Cyber Security*, Global Commission on Internet Governance, Paper Series: No. 6. February 2015,资料取自 2018 年 12 月 12 日,https://www.cigionline.org/sites/default/files/gcig_paper_no6.pdf。

访问量超过3000人的网站必须向政府报备，且放弃匿名权，俄罗斯政府有权关闭全国网络。①

第三，加强国际互联网反恐合作。网络无国界与互联网科技有国界的现状，使得恐怖组织能够借助互联网技术精英实施跨国攻击，因此打击国际恐怖组织在"暗网"的活动，不仅要增强国内的科技力量，更要推动国际合作、尤其是与那些具有网络科技优势的国家进行情报合作与沟通。在互联网反恐的技术支撑、情报分享与司法管辖问题上，发达国家与发展中国家都应发挥积极作用，推动高透明度、多边参与的互联网治理机制，加快制定互联网行为准则，优化"暗网"反恐的国际环境。

综上所述，如今"伊斯兰国"的互联网营销以"暗网"为平台，借助新媒体工具进行网络动员与网络扩散，里应外合共同制造恐怖案件。可以说，"伊斯兰国"的"暗网"转向，是恐怖主义活动蔓延与互联网技术推广相结合的新产物。为了构建网络安全综合政策体系，就需要洞悉互联网发展的最新进展——"暗网"。虽然"暗网"相对于表层网来说缺乏广泛的应用人群，但其隐藏的网络生态系统有利于宣传、招募、融资和计划，并为犯罪分子所喜爱，这是因为"暗网"本身就是一个不受监管的空间。

第二节　国际反恐合作与情报分享

面对恐怖主义的威胁，各国通常是独立收集反恐情报，但随着非传统安全形势的变化和跨国恐怖主义的兴起，日渐频繁的恐怖袭击使得各国遭受的损失直线上升，跨国反恐合作也呈现出多样化趋势。从反恐情报的收集角度来看，各国政府在制定反恐策略时通常

---

① 赵志云、张旭等："'暗网'应用情况及监管方法研究"，《知识管理论坛》，2016年第2期，第126—127页。

面临两方面的不确定因素：一方面是恐怖分子的实力，另一方面是其他国家掌握的反恐情报。前者关系到恐怖分子实施暴恐袭击的破坏程度，后者决定着恐怖分子是否会知难而退，从而转变攻击目标。各国都以国家安全、合作成本、预期收益等方面为基准，与他国进行多领域层次的博弈。

一、反恐合作何以可能

2001年的"9·11"事件发生以来，越来越多的国家意识到了恐怖主义的威胁，也相继开展了反恐合作实践。但由于国家实力、政治制度、打击恐怖主义的决心与能力等因素的差异，国际反恐合作的结果也不尽相同。在分析反恐合作的形成原因时，综合众多国际反恐合作案例，本书认为在以下三种情况下，有利于形成国家间的反恐合作：面临着共同的跨境恐怖主义威胁、跨境恐怖主义的实力足够强大、国际反恐合作可以提升反恐投入的绩效水平。

（一）面临共同的跨境恐怖主义威胁

面临共同的恐怖主义威胁是国家间反恐合作的基础。只有恐怖组织对两个国家都造成威胁的情况下，两国才会选择共同应对恐怖主义威胁。通常而言，国家难以承受远程打击恐怖主义的成本，在大多数情况下也不愿意参与他国的反恐工作。因此共同的恐怖主义威胁是反恐合作的形成基础。

（二）跨境恐怖主义的实力足够强大

恐怖组织的实力也是国家间进行反恐合作的重要原因。如果跨境恐怖组织的实力在一个国家的可打击范围之内，该恐怖组织就不会成为两国共同的威胁。只有恐怖组织具有较强实力且恐怖袭击带来的损失超过了国家的承受能力，该国才会选择加大反恐力度，并考虑与相关国家进行反恐合作。跨境恐怖组织的实力足以影响到两国的政策制定和反恐投资。

(三) 国际反恐合作可以提升反恐投入的绩效水平

反恐投入的绩效问题，是各国评估反恐投入规模的重要考量因素。各国都希望通过较少的反恐投入就可以高效打击恐怖主义，而实际情况是：大多数国家对反恐行动投入了大量资金却收效甚微。因此各国都希望通过跨国反恐合作来提升反恐投入绩效水平。

"9·11"事件发生之后，各国意识到了恐怖主义威胁绝非一国之力能够应对，英国、法国等欧洲国家在加大反恐资金与人员投入的同时，陆续加强与美国的反恐情报合作，[①] 相继挫败了多起恐怖活动，降低了经济损失，有效维护了国家安全。美欧联合反恐行动，在一定程度上提升了反恐资源的使用效率，在确保社会秩序稳定的同时，构建了区域性反恐保障机制。

二、反恐合作的现实困境

反恐政策的制定过程通常是在一种不确定的环境下进行的。由于涉恐情报并非完整，所以当无法保证政策收益高于付出成本时，决策者们往往会面临选择困境。在互联网时代，来自"基地"组织和"伊斯兰国"的威胁，为反恐决策带来新的不确定因素。国家是反恐的主导性力量，这种因国力差异导致的不对称性，影响着反恐信息的获取与分享。防御性的反恐政策通常会供过于求，因为当一个国家高度重视反恐投入的时候，恐怖分子发动恐怖袭击的成功率会不断下降，从而有可能将袭击目标转移到反恐能力薄弱的国家。

学界对反恐问题的研究，主要集中在国家反恐政策的实施效果上，较少关注各国反恐情报搜集能力的差异性，而是通常假定所有国家拥有相同的涉恐信息。虽然各国在一些共同安全利益层面的合作不断增加，但情报收集尚停留在国家层面，实现情报分享的现实

[①] Aldrich, Richard J, "U. S. – European Intelligence Co-operation on Counter-terrorism: Low Politics and Compulsion," *British Journal of Politics and International Relations*, Vol. 11, No. 1, 2009, pp. 122 – 139.

阻力还很强。① 例如两国面临同一恐怖组织的威胁，但共同威胁并非意味着合作的必然，当各国独立收集反恐情报时，两国可能会在评估恐怖分子的暴恐能力上存在分歧，在反恐合作意愿上存在差异性。由于掌握反恐信息的不对称性，使得一国会加大本国反恐投入，而另一国却未必做出相应举动，结果是恐怖分子会选择袭击反恐投入较低的国家。② 由于恐怖组织具有跨国流动性，且恐怖袭击具有地缘溢出效应，因此总体反恐形势并未好转。

反恐情报搜集与分享是研究国际反恐合作成效的重要视角。国家间互换情报是正常之举，反恐情报合作有助于提升各国评估跨国恐怖威胁的准确性。此外，各国反恐专家也可以进行针对性研究，减少误判，提升决策效率。不过，分享情报也存在风险性，尤其是泄密风险，从而促使恐怖分子改变实施暴恐袭击的路径与目标，使得未来情报收集工作难上加难。③ 除此之外，提升反恐工作的专业化程度，可能导致弱国对强国的情报依赖与决策趋同，从而使得弱国的反恐防御能力更加脆弱。

美国和巴基斯坦之间的关系就是情报分享困境的典型案例。与巴基斯坦共享反恐情报符合美国的利益，因为巴基斯坦位于收集"基地"组织情报的地缘佳位。除此之外，"基地"组织也威胁着巴基斯坦的国家安全，所以巴基斯坦选择与美国进行反恐合作也符合政治理性。尽管美巴双方都有共同的安全利益与合作期望，但是美国和巴基斯坦的反恐合作并不顺利。巴基斯坦与美国在反恐情报方面的合作缺乏国内的政治支持，一部分巴基斯坦民众和政府官员对伊斯兰极端组织的同情立场，导致大量的监管漏洞，这对于美国向

---

① Walsh, James Igoe, *The International Politics of Intelligence Sharing*, New York: Columbia University Press, 2009, pp. 2–25.

② Arce, Daniel G., and Todd Sandler, "Counterterrorism: A Game-theoretic Analysis," *Journal of Conflict Resolution*, Vol. 49, No. 2, 2005, pp. 183–200.

③ Arce, Daniel G., and Todd Sandler, "Terrorist Spectaculars: Backlash Attacks and the Focus of Intelligence," *Journal of Conflict Resolution*, Vol. 54, No. 2, 2010, pp. 354–373.

言,与之进行情报分享存在较高的泄密隐患。① 例如2011年5月2日,美国对藏身于巴基斯坦境内的奥萨马·本·拉登进行突袭行动之前,并未事先告知巴基斯坦政府。因为美国担心这样做会走漏风声,让本·拉登有逃脱的机会。

情报共享的困境之所以存在,归根到底是国际社会无政府状态所导致的国家"自助式"安全。在反恐实践中,"以邻为壑""祸水外引"是最常见到的状况。每个国家总是希望另一个国家不会在反恐上投资,因为这样恐怖分子们就更可能将其作为袭击目标。这暗示了每个国家都希望另一个国家相信恐怖分子的能力很弱,从而削减反恐投入。② 当反恐情报分享机制建立后,信息透明性使得相关国家会采取类似的反恐策略与资源投入规模,无形中向恐怖分子暴露了反恐信息与打击重点,最终导致恐怖分子改变暴恐策略,从而使得辛苦得来的情报都失去效果。在非正式反恐情报交流的过程中,各个国家往往暗示自己的情报显示恐怖分子实力很弱,诱使对方放松警惕,使之成为恐怖分子袭击的对象,其最终结果是,两国间缺乏互信,沟通机制的务虚色彩浓重。③ 因此,情报具有高保密性和高成本性,通常使得国家间的信息分享要么不完整,要么效果不佳。④ 两国之间的互信程度决定了两国进行情报共享的效率。一方选择隐瞒情报或者提供虚假情报会导致双方合作进展困难甚至合作关系破裂,因此只有在高度互信的前提下,情报分享才具有可行性。

任何一个国家都无法全面搜集一个国际恐怖组织发动暴恐袭击

---

① Enders, Walter, and Todd Sandler, "Distribution of Transnational Terrorism amongCountries by Income Classes and Geography after 9/11," *International Studies Quarterly*, Vol. 50, No. 2, 2006, pp. 367-93.

② Arce, Daniel G., and Todd Sandler, "Terrorist Signalling and the Value of Information," *British Journal of Political Science*, Vol. 37, No. 4, 2007, pp. 573-86.

③ Bueno de Mesquita, Ethan, "Politics and the Suboptimal Provision of Counter terror," *International Organization*, Vol. 61, No. 2, 2007, pp. 9-36.

④ Walsh, James Igoe, "Institutions Are Not Enough: Intelligence Sharing in the European Union," *Journal of Common Market Studies*, Vol. 44, No. 3, 2006, pp. 625-43.

能力的相关情报。因此恐怖袭击迫使各国政府不断更新对恐怖分子的认知,从而加大收集恐怖组织情报的重要性。然而,国家间的情报差异可以导致反恐合作的破裂,各国自主决定进行反恐合作的程度,其采取的不同政策立场使得反恐合作呈现出全面合作、有限合作、不合作三种表现形式,从而在反恐效率上也体现出差异性。为此,本书从博弈论的视角探讨在什么情况下国家间会进行反恐合作,着重分析当两国处于有限合作的情况时,如何实现反恐合作效率的最大化。

三、反恐合作的博弈模型

国家间在反恐合作时存在两个困境:信任困境和投资困境。信任困境是国家间在政治层面存在的一种合作困境,通常由于一国政治体制、地理、历史原因等因素,对另一个国家存在不信任感,从而较难在政府层面达成反恐合作共识。投资困境是国家间在经济层面存在的一种合作困境,通常由于国家实力,尤其是经济实力的差异性引起,导致了强国对弱国"搭便车"情况的不满,从而在反恐合作的成本分配问题上面临困境。[1]

本书通过对博弈论模型的使用,探寻国家间反恐合作的影响因素。[2] 假设国家 A 和国家 B 面临来自跨国恐怖组织 C 的威胁。A 和 B 对反恐合作的态度分别是:不合作(对反恐合作态度消极)、合作(倾向于进行反恐合作)。

跨国恐怖组织 C 对两国所造成的损失为 L,两国的反恐合作成本为 I,反恐合作导致的恐怖袭击成功率为 s ($0 \leqslant s \leqslant 1$)。各国进行反恐合作的资金投入和受到恐怖袭击的损失如下表所示。

---

[1] Powell, Robert, "Allocating Defensive Resources with Private Information about Vulnerability," *American Political Science Review*, Vol. 101, No. 4, 2007, pp. 799–809.
[2] Sandler, Todd, and Kevin Siqueira. "Global Terrorism: Deterrence versus Preemption," *Canadian Journal of Economics*, Vol. 39, No. 4, 2006, pp. 1370–1387.

国家间反恐合作的博弈模型

国家B \ 国家A	不合作	合作
不合作	0, $\frac{L}{2}$ \ 0, $\frac{L}{2}$	I, 0 \ 0, L
合作	0, L \ I, 0	$\frac{I}{2}$, 0 \ $\frac{I}{2}$, 0

从上表可以看出：在两国都选择不合作的情况下，此时的国家间反恐呈现完全不合作的态势，合作成本 L 为 0，恐怖组织 C 发动袭击的成功率 S = 1，恐怖袭击导致两国承担全部损失 L。

两国中的一国选择反恐合作，承担反恐合作成本 L，其遭受的暴恐损失为 0；另一国对反恐合作采取消极态度，其承担反恐合作成本 L 为 0，遭受暴恐损失为 I；恐怖组织 C 发动袭击的成功率为 S = 1。此时的国家间反恐呈现有限合作的态势，承担全部反恐合作成本 I 的国家不会受到损失，不承担反恐合作成本的国家则承担全部损失 L，但最终结果是国力强大的国家 A 继续加大反恐投入，从而导致跨国恐怖组织 C 将国力较弱的国家 B 作为袭击对象，A 为了避免承担 B 的合作成本，则最终会选择终止与 B 的反恐合作关系。

在两国都选择进行反恐合作的情况下，此时的国家间反恐呈现全面合作态势，各自承担一半的合作成本，恐怖组织 C 发动袭击的成功率 S 逐渐降低，两国遭受暴恐袭击的损失日趋减少，合作可以持续。

综合以上三种情况可以得出以下结论：

一是在两国反恐合作呈现完全不合作的态势下，此时反恐效率最低，受到的损失最大。二是在两国反恐合作呈现全面合作的态势下，此时反恐效率最高，受到的损失最小。三是在两国反恐合作呈现有限合作的态势下，两国对反恐合作的意愿决定了各国遭受损失

第四章 互联网时代的国际反恐合作 ◇

的大小。

当今世界中不乏完全不合作和全面合作两种反恐合作态势,但目前有限合作的反恐态势成为国家间反恐合作的主要选择。有限反恐合作表现为一国对反恐合作态度积极主动,而另一国则对反恐合作持有消极态度。两国之间并非没有合作,虽然两国可能在一些重要领域之间存在对抗关系,但在一些非政治敏感领域上仍然保持基础性合作。以下着重分析如何在有限合作的状态下,实现反恐合作利益最大化。①

假设 A 国反恐合作意愿强烈,B 国反恐合作态度消极。

可以看出两国之所以未能实现全面反恐合作,在于 B 国对反恐合作持消极态度。究其原因则有多方面的考量。首先 B 国与 A 国之间存在政治上的分歧,无法就重大问题达成一致,即便双方面临着共同的恐怖主义威胁,但两国无法就深层次领域上的合作达成共识,从而严重影响了反恐合作的进一步推进。比如沙特阿拉伯和伊朗之间存在着政治分歧,在面对共同的恐怖组织威胁的情况下,就难以保证两国之间可以进行全面的反恐合作与情报交流。其次 A 国认为自己的实力高于 B 国,两国合作会产生"搭便车"的行为,对其而言是一种可有可无的选择,在这种情况下 A 国不会独自承担反恐合作成本而使 B 国无条件受益。在"9·11"事件发生以后,美国与阿富汗之间的反恐合作进展的并不顺利,由于阿富汗方面提供的情报有限,大部分情报都是来源于美国的情报机构。完全依赖于美国情报的反恐行动,使得双方合作的效率极低。

以上是几点反恐合作产生障碍的原因,若想 A 国与 B 国达成深层次、多领域的反恐合作,A 国与 B 国之间就应进行沟通交流并采取相应措施,建立深层次的政治互信机制。一方面,A 国必须展示坚决反恐的决心与实力,让 B 国注意到 A 国在反恐事业上的鲜明立

---

① Rosendorff, Peter, and Todd Sandler, "Too Much of a Good Thing? The Proactive Response Dilemma," *Journal of Conflict Resolution*, Vol. 48, No. 4, 2004, pp. 657–671.

◇ 互联网时代的都市反恐

场。A国可以采取实战演习、反恐目标打击等一系列军事活动,从而引起B国的关注,适时表达希望与B国开展反恐合作的意愿。另一方面,国力强盛的一方适当向国力较弱的一方进行反恐援助,坚持"共同但有区别"的反恐合作成本分摊原则。

两国的反恐合作关系往往无法达到全面合作的状态,因此在有限合作的背景下,努力增强两国的互信与沟通,才是确保合作关系持续发展的关键。反恐演习是双方进行反恐合作最重要的方式之一。机制化的反恐演习可以加强两国联合反恐的默契度。从情报收集与情报共享角度来看,两国之间虽然不可能达成全面的情报共享,但是两国可以就一些重大领域上的情报进行共享与分析。例如当前恐怖组织往往进行互联网宣传,因此在互联网领域开展反恐合作便有助于国家间的良性互动。[1]

除此之外,各国还可以借助国际组织的平台,参与多国协作的反恐合作模式。联合国、上海合作组织等多边平台,能够为国际反恐合作提供情报、资金、培训等资源,有助于提高反恐合作的效率。例如中俄两国在进行反恐合作的同时,借助上海合作组织各成员国和观察员国的帮助,进行了多次联合军事反恐演习,两国在联合反恐领域取得了一系列进展,为地区稳定提供了保障。

在信息化的今天,恐怖主义的形式越来越多样化,反恐的难度也逐渐加强。跨国恐怖活动不仅造成地区安全局势的动荡,还会影响全球政治格局的改变。为此,加强国际反恐合作已成为全球治理的时代必然。

---

[1] Sandler, Todd, and Harvey E. Lapan, "The Calculus of Dissent: An Analysis of Terrorists' Choice of Targets," *Synthese*, Vol. 76, No. 2, 1988, pp. 245–261.

第三节 "孤狼"式恐怖袭击的行为分析

"孤狼"式恐怖袭击是当前国际恐怖组织攻击首都城市的主要模式。因为其杀伤力较大，且造成的社会影响恶劣，各国政府都高度关注此类恐袭活动。以往对"孤狼"式恐怖袭击的研究大多从政治学和博弈论的逻辑角度出发，分析恐怖组织采取此类袭击的原因，较少研究"孤狼"式袭击者的个人心理，因此难以明确厘清"孤狼"式恐怖袭击的社会根源。本节从采取"孤狼"式袭击的恐怖组织、实施者个人及其所处的社会环境入手，结合政治心理学的知识谱系，分析"孤狼"恐怖分子的行为模式，探析北京市应对"孤狼"式恐怖袭击的策略。

一、"孤狼"式恐怖袭击的起源及相关恐怖组织

（一）"孤狼"式恐怖袭击的起源

目前，"孤狼"式恐怖袭击（又被称为"独狼"式恐怖袭击），其定义在学界存有争论，主要围绕作为恐怖分子的"孤狼"是否是一种自杀式的恐怖袭击。一些学者将狭义的"孤狼"式恐怖袭击定义为：袭击者在实施袭击的同时选择自杀。[1] 在广义的定义里，则把暴恐分子在实施暴恐袭击的过程中被击毙也纳入了该范畴。[2] 本书认为：界定"孤狼"式恐怖袭击的定义，至少包括三个方面的因素，即：发动袭击的人数、袭击者的动机、是否为自杀式攻击。因此，本书将"孤狼"式恐怖袭击界定为：实施者通常为对恐怖主义理念

---

[1] 陈震、宋清华："独狼式恐怖主义犯罪的法律规制及立法威望"，《齐齐哈尔大学学报（哲学社会科学版）》，2018年第1期，第87—89页。

[2] 焦占广、王从霞："从奥兰多枪击案看应对'独狼式'恐怖主义的对策"，《云南警官学院学报》，2017年第2期，第33—37页。

具有极高忠诚度的个人,选择自杀方式的恐怖袭击。"孤狼"式恐袭者常常采用人肉炸弹、汽车炸弹等方式。"孤狼"式恐怖袭击起源于一些以暴力方式实现政治目标的宗教极端组织,如犹太教的狂热复国主义派别"奋锐党",伊斯兰教什叶派极端组织"阿萨辛"、印度教恐怖组织"撒格"等。当代"孤狼"式袭击则崛起于20世纪80年代黎巴嫩地区的真主党,该组织针对美国驻布鲁特大使馆、美驻黎巴嫩海军陆战队司令部以及法国驻黎巴嫩维和部队的一系列袭击活动引起世界的关注,得到了恐怖组织的纷纷模仿,尤其是"基地"组织和"伊斯兰国"崛起后,"孤狼"式袭击活动变得愈发猖獗。①

(二)以"孤狼"式袭击闻名的组织

1."泰米尔伊拉姆猛虎解放组织"

"泰米尔伊拉姆猛虎解放组织"(简称"猛虎组织")是斯里兰卡的反政府组织。该组织最初由一些反对斯里兰卡政府的激进分子组成,曾一度主张建立以泰米尔族为主体的国家。在与斯里兰卡政府长达37年的对抗过程中,"猛虎组织"整体实力处于弱势地位,因此最常采用"孤狼"式恐怖袭击,包括自杀性爆炸案等,例如在1991年,一名来自该组织的女子作为"人体炸弹"袭击了印度前总理甘地。② 该组织自成立之后,共制造过两百多起"人体炸弹"事件,50多名高官被炸身亡,6.5万人死亡。③

2. 车臣非法武装

车臣非法武装是俄罗斯境内最大的恐怖组织之一,是激进的民族分裂主义势力。为了实现独立建国的政治目标,车臣非法武装策

---

① 需要说明的是:一些不隶属于任何恐怖组织的个人也会发动"孤狼"式恐怖袭击,这些个人常常拥有一些政治诉求。

② 张家栋、龚健:"从猛虎组织的覆亡看反叛乱战略",《现代国际关系》,2009年第9期,第12—16页。

③ 樊守政:"斯里兰卡反恐战略评析",《警察实战训练研究》,2010年第3期,第78—81页。

划过大量针对俄罗斯政府和平民的绑架和爆炸等袭击活动,其中包括1995年布杰诺夫斯克绑架案、2002年莫斯科剧院人质劫持案、2010年莫斯科地铁爆炸案等。① 车臣非法武装常常发动女性"孤狼"式袭击案件。这些女性暴恐分子通常有亲人死于俄罗斯的反分裂战争,因此在发动袭击的过程中身着黑衣、蒙着黑色面纱,对俄罗斯政府和俄罗斯族民众具有极高的复仇动机。

3. "伊斯兰抵抗运动"

"伊斯兰抵抗运动"(又名"哈马斯")在势力扩张时期,曾发动过许多轰动世界的"孤狼"式袭击。"伊斯兰抵抗运动"成立于1987年12月14日,强调针对异教徒的"圣战",通过发动针对以色列平民和军事设施的恐怖袭击以获得巴勒斯坦公众的支持。从2000年至2006年,"伊斯兰抵抗运动"制造了50多起"孤狼"式袭击,造成2485人死亡。②

(三) 恐怖组织采取"孤狼"式袭击首都城市的原因

1. 节省恐袭成本

恐怖组织实施"孤狼"式袭击并非是冲动之举,而是实现收益最大化的理性行为。反恐战争是一场非对称性博弈,绝大多数恐怖组织的综合实力远低于目标国政府,实现正面且长期的暴恐活动需要消耗大量的成本。"孤狼"式恐怖袭击并非是国际恐怖组织的主要攻击模式,但能够造成巨大的人员伤亡。③ 此外,恐怖分子不择手段且孤注一掷的袭击行为,往往能制造出更加强烈的社会恐慌。同时"孤狼"式袭击者不需要复杂且昂贵的暴恐材料与装备,也不需要恐怖组织提供撤退掩护,因此受到各个恐怖组织的青睐。

---

① 胡梅兴:"车臣非法武装",《国际研究参考》,2002年第12期,第16—18页。
② 陈天社:"哈马斯的自杀性袭击探微",《西亚非洲》,2011年第6期,第55—63页。
③ Robert Pape, "The strategic logic of Suicide Terrorism", *American Political Science Review*, Vol. 97, No. 3, 2003, pp. 343–361.

2. 追求轰动效应

"孤狼"式袭击由于手段更加残忍、杀伤力更大，往往会获得世界媒体的关注和报道。尤其是一些西方媒体过度渲染"孤狼"式恐袭的惨烈后果，不仅加深了社会恐慌氛围，而且使得一些籍籍无名的恐怖组织，一跃成为国际关注的焦点。在 Web3.0 时代，随着移动互联网的普及和社交网络的盛行，关于恐怖袭击的言论变得更加庞杂且难以管理，一些恐怖组织直接利用社交网络发布关于恐怖活动的信息，以提升知名度。在"孤狼"式袭击发生之后，事发现场的视频或图片也会在互联网迅速传播，能够在短时间内造成大范围的民众恐慌。制造社会恐慌效应是恐怖组织的目标之一，因此"孤狼"式袭击无疑会快速提升恐怖组织的"知名度"。

3. 增强恐怖组织的凝聚力

对于恐怖组织而言，那些在恐袭中丧生的"孤狼"，可以作为内部宣传的重要素材。通将"孤狼"式恐怖分子美化成实现恐怖组织远大目标的"先驱者""殉道者"和"烈士"，以鼓舞恐怖组织的士气，提升成员对恐怖组织的忠诚度，增强组织内部的团结。例如，"伊斯兰国"宣传机构通过偷换概念，诱导"孤狼"式袭击者坚信他们的死亡是一种"神圣的牺牲"。恐怖组织对"孤狼"式袭击者的表彰可以激发其他组织成员的认同和效仿，使之出于得到认同感或荣誉感而更信任恐怖组织的理念，并自愿做出牺牲。同时，恐怖组织在提及成员牺牲时始终强调"敌人"的存在，以增强成员对组织的集体荣誉感和归属感。

二、"孤狼"式袭击者的心理分析

上述分析能够解释恐怖组织倾向于采取"孤狼"式袭击的原因，但未能解释为何恐怖组织中的一些成员愿意放弃自己的生命。观念指导行为，本节从心理学的因素出发，以深入解析"孤狼"式恐袭者的行为特点。①

（一）社会心理学的视角

当一个人对所属社会群体产生了归属感之后，就会关注该群体的共同利益，产生内发性的敬畏之心。这样的心理让个人愿意为共同体做出奉献甚至牺牲。当恐怖分子对恐怖组织产生归属感和认同感之后，则会自我强化对该组织的责任感，从而容易被蛊惑和激发出对敌方的仇恨情绪。

发动"孤狼"式袭击的恐怖分子，出于一种利他主义的考虑，认为个人的牺牲能够换取恐怖组织的集体利益。因此从社会心理学的角度来看，"孤狼"们之所以选择自杀性攻击，不是因为拥有自杀的权力，而是因为有为恐怖组织牺牲的"义务"。

在一些恐怖组织泛滥的地区，社会能够接受和认可其他社会成员参与到恐怖组织活动当中。强烈的归属感和恐怖组织对于内部纪律性的强调，能够在一定程度上让成员放弃自身的主体性，而将自身的存在归属于一些虚拟的精神实体，恐怖组织宣扬的宗旨压制了个体的尊严和自由，个人的牺牲行为因此被扭曲理解成"殉道"。由于恐怖组织通常鼓吹"殉道者"和成员牺牲的荣耀性，参与恐怖组织的人也期望能获得一定的回报，或是精神上的荣誉或是组织和其他成员因此受到的利益，或是出于为了让自己的家人有荣誉感而选择牺牲自己。

此外，一些人由于在年纪很小时就加入了恐怖组织，所拥有的社会关系常常脱离了自己的原生家庭，并因为时常参与组织协调度较高的集体行动，而高度依赖所属恐怖组织的社会关系，对其拥有较强的归属感和忠诚度。这些成员出于对恐怖组织的信仰，想要保护所在群体的欲望更加强烈，甚至胜过了对自己生命的珍惜程度，

---

① 在一些恐怖组织中，存在一些恐怖分子临时受命参加"孤狼"式袭击的情况，或是在被欺骗的情况下被迫参与了"孤狼"式袭击并丧命，但这些不在笔者的讨论范围之内。

并且愿意为此付出甚至牺牲。

（二）咨询心理学的视角

大多数"孤狼"式袭击者精神正常，但具有偏执、抑郁、创伤后应激障碍等倾向。① 个人最高层次的需求是自我满足，一些人实施"孤狼"式袭击本身并非出于自杀的欲望，自杀只是他们为了实现"殉道理想"的一种手段，尤其是在"烈士"情结十分严重的地区。② 对于那些有自杀倾向的人来说，他们所处的环境和家人未必能够理解他们的选择，但如果能够将自杀行为与"殉道"结合起来，他们则可以通过该方式获得所谓的"最高荣誉"。由此可见，带有"个人悲情主义色彩"的"孤狼"式袭击成为了一种"两全其美"的做法，而选择大国首都城市作为攻击目标，无疑会进一步提升这种个人的荣誉感。③ 因此，对于这类恐怖分子而言，"孤狼"式袭击就是一种"荣誉自杀"。

（三）精神分析学的视角

"孤狼"式恐怖分子的童年经历，是对其进行精神分析的重要视角。"孤狼"式袭击者的童年时代大多较为不幸，例如在战争中丧失亲人，或在民族、宗教冲突十分严重的环境下成长，或曾亲眼见证家人受到侮辱等。这些童年时代的阴影会使人对施暴者产生痛恨、

---

① 贾凤翔、石伟："基于恐怖分子的恐怖主义心理学述评"，《心理科学进展》，2010年第10期，第1662—1664页。

② M. Bond, "The Making of a Suicide Bomber", *New Scientist*, Vol. 182, No. 2447, 2004, pp. 34 – 37.

③ 例如"9·11"事件的执行者穆罕穆德·阿塔，自小被孤立，其父性格高傲，在阿塔童年就对他有很高的要求，希望他能够出国留学并获得博士学位，同时还为他安排了未婚妻。但阿塔的经历并不能让他的父亲满意，他花了七年时间才读完了硕士学位，并且和未婚妻的订婚也走向失败，这些因素都让他面临很大的压力和挫败感。他身边的人说当时的他变得"越来越封闭"，"和外界之间就像有一堵墙隔着"。绝望、内疚、无助等都是自杀的风险因素。与社会关系相脱离的阿塔平日里很难展现出笑容，却在得知了"9·11"的袭击任务之后露出了笑容。可以判断，阿塔认为在"孤狼"式袭击活动中丧生是一种解脱。

耻辱等情绪，并且形成拒绝、隐忍、报复等防御机制。童年的一些创伤和打击，以及亲人的去世，会给人带来痛苦、愤怒、屈辱感，而"孤狼"式恐怖袭击为他们实现内心的平等提供了机遇。例如，巴勒斯坦地区的许多"孤狼"式袭击行为，就源于巴勒斯坦人从小就处在巴以军事冲突的环境之下，他们很多人在战争中失去了自己的亲人，因此产生了复仇心理，并最终导致"孤狼"式恐怖袭击行为的发生。

当个体在自己的防御动机与社会规范不符时，会自我寻找甚至编造一些让自己的行为和观念变得合理的理由。对于恐怖分子来说，他们可以将自己的仇恨情绪进行合理化，将敌方进行贬低，并对自身所属的恐怖组织进行"神圣化"，使复仇的私欲演变成为所谓"崇高理想"而不得不采取的行动，这使得他们能够理解并接受自杀性攻击行为。

（四）女性主义的视角

在当代的"孤狼"式恐怖袭击中，女性所占的比例显著高于在其他活动中所占比例，且在这一类恐怖袭击当中，女性所实施的"孤狼"式袭击破坏和伤亡率更大。近年来，女性"人肉炸弹"在极端民族主义类和极端宗教类恐怖组织中所占比例逐年攀升。近些年，更多的女性"孤狼"式袭击者的出现，主要有以下三点原因。

第一，一些女性在连年的战争中失去了家人，受到严重的心理创伤，并且由于女性对家庭和亲人的重视，对家人伤亡的事件更加敏感和痛苦，也更容易产生为了家人复仇的心理。同时，她们的脆弱心理也极易受到恐怖组织的利用，因此成为"人肉炸弹"，例如车臣武装分子中的"黑寡妇"群体。

第二，一些女性生活的地区对女性的歧视严重，女性难以取得与男性相当的社会地位，也缺少其他方法能够证明自己，在这种情况下，"孤狼"式袭击成为了她们自我实现"存在价值"的方式。

第三，由于以往实施"孤狼"式袭击的女性很少，且由于社会的刻板印象，认为女性普遍比较仁慈、善良，因此女性袭击者不容易被怀疑。这些女性恐怖分子在经过安检时可以伪装成孕妇而将腰带炸弹藏在衣服里，政府或警察出于对特殊群体的尊重会疏于对这类群体的搜查。[1] 在"孤狼"式袭击活动发生之后，公众对女性"孤狼"式袭击实施者也会更加宽容，将她们的行为理解为饱受战乱之苦的无奈之举，从而引起同情和理解，甚至使公众转而开始质疑政府政策，因此，一些恐怖组织更愿意让女性参与恐怖袭击。

---

[1] Elizabeth Nolen, "Female Suicide Bombers: Coerced or Committed?", *Global Security Studies*, Vol. 7, Issue 2, Spring 2016, pp. 31–33.

第五章 全球反恐的基本态势

恐怖分子往往藏身于政府管理力度不足或者管理不善的地域，并借此筹措资金、招募成员、进行恐怖主义培训等。这背后的原因则是当地政府的治理能力不足、反恐意愿不强烈或者二者兼之。在全球性、区域性国际组织的框架下，各国加强了反恐合作与资源共享，取得了显著成果。

第一节 恐怖分子活跃的地区与国家

一、非洲的反恐态势

（一）索马里

在 2015 年中，多个恐怖主义团伙利用索马里中南部的偏远地区作为其藏身之所。与此同时，它们利用上述地区的便利条件，开展组织运作、筹措资金、沟通交流、招募成员、恐怖主义培训、人员偷渡、暴力袭击等一系列行动。造成这一现象的主要原因是政府缺乏有效的行政管辖能力，使得各层级政府所应承担的安全保障、司法审判等治理监管职能近乎失效。

索马里境内的伊斯兰激进组织——"索马里青年党"在遭到反恐部队多次打击后能够快速死灰复燃，源于该组织能够控制和监管索马里大部分的农村地区和重要交通道路。2015 年，非洲联盟驻索马里特派团所开展的联合打击行动取得了一定的进步与成就,并成功摧毁了"索马里青年党"位于巴尔代雷(Baardheere)和迪恩索尔(Dinsoor)的据点。然而,该恐怖组织又在肯尼亚和索马里南部边界地区建立了新的据点,并针对政府要员、非洲联盟驻索马里部队军事基地和其他脆弱的目标发动恐怖袭击。索马里联邦政府以及各级地方政府因缺乏足够的能力和资源未能填补突袭行动所遗留下来的民事执法空白,这为"索马里青年党"重建藏身之所,并再次向非盟驻索马里特派团此前所解放但并未派兵驻守的地区进行渗透提供了可乘之机。

"索马里青年党"将位于朱巴河谷附近地区(Jubba River Valley)的多个小城镇,例如吉利卜(Jilib)和萨科夫(Saakow)等作为其行动的基地与据点。与此同时,索马里境内的这些地区也保障了该组织成员可以沿着索马里—肯尼亚两国松散而漫长的边界地区,发动跨境恐怖袭击行动。"索马里青年党"还将索马里东南沿海地区的边远城镇视为进入摩加迪沙(Mogadishu)和基斯马约(Kismaayo)等中心城市的"捷径"。由于效忠于"索马里青年党"的其他非法武装团体在此地区建立了检查站并向当地民众强行征税,因此多条贯穿索马里南部地区的道路也被称为"索马里青年党"的"生命补给线"。除此以外,虽然一直以来"索马里青年党"从非法贩运木炭、货物走私交易中获得了大量资金,但其仍然通过非法征税的方式弥补在2014年失去巴拉维港口(Baraawe)控制权之后所形成的财政赤字。

与此同时,索马里政府也积极参与区域性打击恐怖主义行动,旨在削弱、挫败"索马里青年党"对索马里南部地区的控制权。虽然近年来索马里政府的反恐成就呈现出区域差异,但是,这也为索马里政府提供了足够的空间与时间以推动联邦制的进程。

(二)跨撒哈拉地区

当前,尽管马里政府已经表达了积极参与国际联合反恐的强烈意愿，但跨撒哈拉沙漠地区仍然被恐怖主义组织视为密谋恐怖主义事件、筹措资金、沟通交流、招募成员、恐怖主义培训的大本营。马里政府从 2015 年起，在廷巴克图市（Timbuktu）和加奥市（Gao）重新建立了政府办公地点并恢复了行政治理职能，当地原政府工作人员也陆续返回了工作岗位。马里政府军在法国和联合国维和部队的联动协助之下，积极开展了一系列突袭行动以削减恐怖分子的势力范围。同时，马里政府反对在其境内进行大规模杀伤性武器的非法扩散与走私偷运行动。

尽管马里政府反对国外恐怖分子在其境内的四处流窜，但是由于马里政府对境内大部分地区缺乏有效管控，尤其在漫长的边界地区缺乏足够的边防安检力量，使得打击跨境恐怖分子的工作举步维艰。

二、东南亚的反恐态势

（一）苏禄海和苏拉威西海沿岸地区

当前，苏拉威西海海域（Sulawesi Sea）和苏禄群岛（Sulu Archipelago）众多的岛屿成为恐怖组织和极端势力藏身的最佳选择。东南亚各国就岛屿地区的反恐合作开展了多次沟通。印度尼西亚、马来西亚和菲律宾政府已经提高了对于三方共有海岸边界地区的管控力度，包括通过联合反恐行动增强国内民众对于棉兰老岛（Mindanao）南部和西南部海域的领域意识。但是，三国政府共同面临着打击恐怖分子跨境逃窜的"执法难"问题。与此同时，各国安全部队对于苏禄海和苏拉威西海沿岸地区的监督力度有了局部性提高与改善，但长期盘踞在此地的走私团伙和海盗集团仍为恐怖主义组织提供有效的掩护，包括运输恐怖主义人员、军事装备、暴恐资金等。此外，对于印尼、马来西亚和菲律宾三国而言，绑架勒索赎金仍然是最为严峻的恐怖威胁。

由于东南亚位于全球贸易活动的枢纽地区，当地存在高度组织化的非法走私和化学武器扩散网络,导致了东南亚地区极易受到非法走私团伙和核扩散恐怖组织的渗透与干扰。而不完善的法律体系和管理体制、实力薄弱的海事执法能力和安全保障行动能力,以及生化科技的大发展等因素使东南亚地区成为了一个大规模杀伤性武器扩散和非法运输的转运中心,引起了各国政府的高度担忧。另外,除了新加坡、马来西亚和菲律宾三国政府之外,其他东南亚地区国家均缺乏一套完备的战略性贸易管控法律体系,其中包括:对于军民两用化学武器的管理条款或者全方位的管控条例。美国与印尼、马来西亚等国合作执行的《出口管制和相关边境安全保障行动项目》,旨在援助以上东南亚国家制定强有力的反恐法律体制、促使其履行国际法律标准,并构建反恐预警管理体系。

(二) 菲律宾南部地区

菲律宾作为一个群岛国家,国土面积覆盖7100多个小岛,这导致了菲律宾中央政府很难在各个岛屿进行军事驻扎以保持有效的行政管辖。但在这种孤立式地理环境的影响下,菲律宾政府执法部队所开展的打击恐怖主义行动仍取得了显著成就,当前菲律宾国内的恐怖组织——"阿布沙耶夫武装""伊斯兰祈祷团""班萨莫若伊斯兰自由阵线"以及其他武装团体在棉兰老岛的多个地区,尤其是在巴西兰岛(Basilan)、苏禄省(Sulu)和塔威塔威岛(Tawi-Tawi)拥有广泛的影响力;"新人民军"也在菲律宾境内,特别是偏远的农村地区和山区建立了多个据点。菲律宾政府安全部队对国内恐怖组织的打击压力,使之难以在其武装大本营之外的区域开展有效的人员招募、资金积累以及发起暴恐袭击活动。

菲律宾和美国保持着全方位的反恐合作关系。美国政府积极推进与菲律宾政府的反恐合作进程,并对菲律宾境内密谋直接参与或者间接支持恐怖主义活动的激进组织进行联合调查。菲律宾政府执法部队在2015年开展了数起突袭打击行动,尤其是在南部地区,从而有效地削弱了"阿布沙耶夫武装""伊斯兰祈祷团""班萨莫若伊斯兰自由阵线"和"新人民军"的势力范围,并对涉嫌参与恐怖主义犯罪案件的嫌疑人和暴力团伙提起诉讼。目前,菲律宾政府全力配合美国执法部门开展打击恐怖主义的行动,尤其是协助追捕美国政府通缉的逃犯和恐怖分子嫌疑人。

2015年11月菲律宾立法机关通过了《战略性贸易管理法案》,赋予边境部门管控军民两用货物进出口的特权,菲律宾政府也积极开展行动以贯彻、执行《战略性贸易管理法案》的相关规定,包括创建一个隶属于贸易与工业部的授权许可办公室,用于颁布进出口管控军民两用货物和技术应用许可证书。然而,由于缺乏资金支持,菲律宾政府落实《战略性贸易管理法案》的过程相对缓慢。

三、中东地区的反恐态势

(一)埃及

埃及西奈半岛(Sinai)的部分地区已成为多个恐怖组织的藏身之所。恐怖主义是埃及社会当前面临的最大安全威胁之一,埃及为了打击跨国恐怖组织,不仅动用了大量军事资源,而且积极推行安全行动倡议,并于2015年9月启动了"'殉道者'突袭打击行动"。这一系列军事行动主要集中在西奈半岛北部地区,主要是打击恐怖组织"伊斯兰国西奈省"。另外,埃及政府也在2015年关闭了西奈半岛北部地区的陆上通道,该通道主要向游客、记者、美国政府工作人员和非政府组织开放。

"伊斯兰国西奈省"则发表声明,对以埃及军人为主要袭击对象的一系列恐怖袭击事件负责,而此类袭击行动呈现出一种数量日益增加且行动模式逐渐复杂化的演变趋势。例如:2015年7月1日,西奈半岛谢赫祖韦德(Sheikh Zuewid)的多个警察局和安全基础设施同时遭到暴力袭击;10月31日,"伊斯兰国西奈省"击毁了一架美捷航空公司的客机,造成200名乘客和7名机组人员全部罹难。

埃及和美国通过执行《出口管制和相关边境安全保障行动项

目》，积极推动执法部门之间的合作。美国向埃及海关总署、国防部、内政部、交通部和外交部的工作人员提供了风险评估管理培训课程，从而提高了埃及维护边界地区安全的能力。自 2009 年开始，美国国务院发起的"防止化学武器扩散和裁军行动项目基金"在持续向埃及政府提供技术援助。例如在交通检查站设立客运和货运汽车 X 光检查探测设备，用于对车辆进行违禁品检测，从而进一步挫败大规模杀伤性武器相关材料、常规武器和其他违禁物品的扩散与流通。

（二）伊拉克

伊拉克政府在打击"伊斯兰国"、收复领土的进程中取得了稳定的成果。在全球"打击'伊斯兰国'联盟"66 个成员国政府的大力支持下，伊拉克政府收复了"伊斯兰国"非法管控的大部分国土和多个主要城市。2015 年 4 月由伊拉克政府所领导的联合执法部队成功收复了提克里特市（Tikrit），此前被迫流离失所的当地民众也已重回家园。2015 年 11 月伊拉克库尔德独立武装部队"自由斗士"重新夺回了辛贾尔镇（Sinjar）的控制权；此前"伊斯兰国"在辛贾尔镇对雅兹迪人发动的屠杀暴行，受到国际社会的广泛关注。同月，在当地逊尼派武装力量和警察的协同作战之下，伊拉克安全部队解放了安巴尔省首府、重要的战略中心——拉马迪市（Ramadi）的大部分地区。

"伊斯兰国"在其控制区制造芥子气和充满氯气的简易爆炸装置。为此，伊拉克政府与其他反恐伙伴国开展一系列的合作行动，提升执法部队侦察、打击疑似化学、生物、放射性武器的生产与交易活动的能力，进一步防止"伊斯兰国"拥有和使用大规模杀伤性武器。

由于当前伊拉克国内紧张的安全局势，美国与伊拉克共同制定并执行伊拉克国家监督管理委员会的第 48 号修正案——《防止大规模杀伤性武器扩散法案》的一系列规章制度和程序规范。两国政府也希望借此增强边境安全部队侦查、监测大规模杀伤性武器和技术产品的边防行动能力。伊拉克政府在美国的帮助下，系统评估在领土光复区派驻安全部队的装备需求和培训规模，以进一步巩固伊拉克政府的军事存在。

2014年9月，美国与伊拉克两国政府达成了《伊拉克共和国和美利坚合众国政府打击核武器和放射性物质材料走私联合行动计划》，该协议进一步增强了两国反恐合作关系，为联合开展高效的打击核恐怖主义带来了新的契机。与此同时，这一协定安排也体现了美伊两国积极开展反恐协作行动的目标与意图，即提升伊拉克政府打击非法走私核武器材料的能力，以及全面切断恐怖组织非法获取核武器和放射性材料的途径。

（三）黎巴嫩

黎巴嫩政府至今尚未对与叙利亚、以色列接壤的边界地区实行完全管控。黎巴嫩与叙利亚未定边界地区，被"努斯拉阵线""伊斯兰国"和其他逊尼派恐怖主义团体视作庇护所。这些恐怖组织大多在山脉绵延且人迹罕至的边远地区开展行动并建立基地。为此，黎巴嫩政府开展了持续的军事行动以打击恐怖组织在黎巴嫩境内的非法武装力量。

美国通过提供军事设备和武器装备，同黎巴嫩武装部队和内务安全部队展开联合反恐行动，以缓解黎巴嫩—叙利亚边境地区严峻的恐怖主义威胁。

虽然黎巴嫩并非是大规模杀伤性武器材料的来源国，但由于其松散且疏于管理的边界线，使得黎巴嫩极易受到恐怖威胁，并被恐怖组织视为走私化学武器的转运中心。此外，黎巴嫩武装部队下属的工程兵部队也同美国执法机关开展密切合作，以侦察并预防叙利亚边境地区大规模杀伤性武器的走私与扩散活动。

黎巴嫩边防部队接受了西方国家的车载货物检测培训，从而进一步挫败了化学、放射性和核材料在黎巴嫩境内的走私活动。黎巴嫩政府和美国国防部联合启动了一项边境安全封锁培训行动,旨在增强黎巴嫩武装部队和国家安全部队在边界地区的安全保障和封锁阻断能力。

(四) 利比亚

当前,由于利比亚松散而疏于管理的边界地区、零散分布且打击能力有限的国家安全部队,以及多块政府管辖乏力地区,导致了多个恐怖组织在利比亚的渗透。其中包括:"安萨尔·阿里—沙里·班加西武装团体"、"安萨尔·阿里—沙里·达尔纳武装团体"、"基地"组织马格里布分支、"纳赛尔主义独立运动"以及"伊斯兰国"。利比亚政府执政能力不足导致部分领土落入恐怖组织之手,一些恐怖组织在苏尔特(Sirte)、达尔纳(Darnah)、班加西(Benghazi)和萨卜拉塔(Sabratha)建立了基地。虽然利比亚国民军早在2014年便启动了剿灭班加西地区暴恐分子的军事行动,但并未彻底铲除班加西地区的恐怖组织。从2015年至今,利比亚政府有限的打击能力无法剿灭其境内恐怖组织,也无力阻止国外恐怖分子对利比亚的渗透。与此同时,恐怖主义训练营和组织网络遍布利比亚各地,而当地的部落和少数民族也经常扮演"联络员"和"招募者"的角色。利比亚是国际恐怖分子前往叙利亚或伊拉克的重要通道,因此利比亚政府日益担忧"伊斯兰国"等暴力极端主义团体将利比亚作为主要战场。

早在2013年,美国政府便同利比亚政府联合签署了一项协议,主要围绕销毁此前利比亚所遗留的化学武器而展开合作,以履行利比亚作为国际禁止化学武器组织成员国所需承担的义务。2014年11月,利比亚政府虽然成功销毁了芥子气武器,但仍然保留了大量浓缩铀(重铀酸铵或重铀酸钠),并将其储备在利比亚南部城市塞卜哈(Sebha)附近的军事仓库。由于利比亚政府对南部沙漠地区的管辖能力有限,部分军事设施遭受盗抢和破坏,存在核原料走私的风险。

（五）也门

随着也门局势的恶化，"基地"组织阿拉伯半岛分支和"伊斯兰国"也门分支趁机占据当地权力真空地区以巩固其势力范围，并且扩大在也门境内的成员招募与极端主义思想宣传范围。2015年也门合法政府处于流亡国外的状态，这极大削弱了也门政府军打击恐怖组织的能力。不稳定的安全局势导致也门政府的跨境贸易监控能力极为脆弱，这造成也门极易成为生化武器及其相关材料的集散地。

2015年也门内战爆发之后，"基地"组织阿拉伯半岛分支借机加强了在也门南部和东部地区的军事与政治存在。借助与当地部族的密切关系，"基地"组织阿拉伯半岛分支得到了扩展控制区的机会，在阿比扬省（Abyan）、塔伊兹省（Taiz），以及港口城市穆卡拉市（Mukalla）建立了据点，并通过占领穆卡拉市的港口，获得了稳定的资金与物质资源。

"伊斯兰国"也门分支活跃于也门境内的十余个省，包括：萨达省（Sa'ada）、萨那省（Sana'a）、焦夫省（al-Jawf）、贝达省（al-Bayda）、塔伊兹省（Taiz）、伊布省（Ibb）、拉赫季省（Lahij）、亚丁省（Aden）、沙瓦赫省（Shahwah）和哈德拉毛省（Hadramawt）等。与此同时，"伊斯兰国"也门分支加大对"维拉雅"（wilayat）的管辖力度，[①] 并与"基地"组织阿拉伯半岛分支争夺当地逊尼派部落和民兵组织的同情与支持。虽然"伊斯兰国"也门分支获得了也门境内其他极端组织的效忠，但其规模远远小于"基地"组织阿拉伯半岛分支。

[①] "伊斯兰国"将伊拉克和叙利亚等控制区划设为20个"维拉雅"（意为军区和省）作为其大本营。2014年12月，"伊斯兰国"宣布在利比亚、埃及、也门、沙特、阿尔及利亚等国新建8个"维拉雅"。

四、南亚地区的反恐态势

（一）阿富汗

当前，阿富汗和巴基斯坦的边境地区被恐怖组织作为大本营，对两国发动了一系列恐怖袭击。阿富汗境内的恐怖主义网络十分活跃与发达，其中包括"基地"组织、"卡哈尼网络"和其他恐怖主义组织。另外，"'伊斯兰国'呼罗珊分支"的基地和据点大多建立在阿富汗境内，拥有广泛的影响力。该分支的招募网络已经延伸至阿富汗—巴基斯坦边境地区的巴基斯坦部落聚居区。

阿富汗政府积极参与国际打击恐怖主义的行动。自 2014 年 9 月阿富汗加尼总统就任以来，便积极推进阿富汗—巴基斯坦两国政府进行跨境安全保障合作，为此，加尼政府提出了开展联合突袭反恐行动的倡议，希望借此摧毁分布于两国接壤地区的恐怖组织大本营。

另外，美国与阿富汗两国政府也在进行磋商，以敦促反恐合作框架的最终落实，从而进一步推动两国反恐部队在打击核恐怖主义这一领域的紧密合作，并且借此增强阿富汗边防部队打击核恐怖主义的行动能力。除此以外，在美国政府的支持下，阿富汗政府也在加大对跨境贸易的监管力度，增强阿富汗边防安全体系的有效性与可靠性。

在《出口管制和相关边境安全保障行动项目》的框架下，美国向阿富汗海关总署和国家边防警察部队提供了一系列边境封锁管控培训，以加强阿富汗边境部门的反恐能力。与此同时，欧洲安全与合作委员会、联合国毒品与犯罪办公室联合世界海关组织发起的"集装箱管控行动项目"向南亚和中亚反恐伙伴国政府提供了一系列反恐培训，继而积极倡导区域性跨国执法部门的合作与联动。此外，为了增强阿富汗政府施行战略性贸易管控政策的意识与行动能力，美国政府针对阿富汗原子能高等委员会、国家商务部、外交部佐治亚大学特设机构和国际贸易安全中心的多位政府要员进行了专业化培训。

美国向阿富汗政府提供了源源不断的反恐物资援助，以提升阿富汗政府应对生物武器恐怖袭击的行动能力。美国希望借此提高阿富汗政府的行政监管能力，从而有效侦察或应对生化武器袭击所引发的灾难性事件。为了加强阿富汗的反恐专业人才队伍建设，美国招募了大量掌握大规模杀伤性武器及其应用技术的阿富汗科学家和工程师，并对其进行资质审查与针对性培训。

（二）巴基斯坦

"哈卡尼网络"等多个规模不一的恐怖组织藏匿于巴基斯坦的联邦直辖部落地区，该地区位于巴基斯坦—阿富汗边界的西北部山区。虽然巴基斯坦政府此前公布的《国家行动计划》明确提出"巴基斯坦境内不允许任何军事武装团体开展任何类型的行动"，但巴基斯坦媒体多次报道该行动计划在其国内各个地区贯彻落实程度不均衡的问题。巴基斯坦早在2014年就启动了一系列军事打击恐怖组织大本营的行动，但对相关恐怖组织的打击力度也呈现出不均衡的趋势。同时，为了有效阻遏并预防恐怖分子和犯罪嫌疑人潜逃到国外，巴基斯坦政府正在落实一份出境监管名单。联合国认定的恐怖组织，包括"虔诚军"在阿富汗的分支机构"达瓦慈善会"和"法拉赫基金会"也在巴基斯坦境内开展募捐活动和大规模集会。"达瓦慈善会"的头目哈菲兹·萨伊德经常公开露面以挑衅阿富汗政府的权威。2015年9月，巴基斯坦国家电子媒体监管委员会下达了全面禁止报道"虔诚军""达瓦慈善会"的命令。

巴基斯坦政府积极推进国际货品管控明细名单的协调与落实工作，严查由核供应国集团、导弹技术管控机制列入禁运名单的物品。巴基斯坦政府希望借此打击其境内大规模杀伤性武器及其运载系统的走私与偷运活动，并制定了更为完善的出口许可制度。为了积极贯彻与执行现行的国家发展战略规划，巴基斯坦政府针对国家战略技术部门出台了工业推广计划，这项举措意味着巴基斯坦战略技术部门将定期同相关产业共享反恐情报。与此同时，美国政府也积极寻求同巴基斯坦政府就进一步加强工业推广计划开展密切合作，以提升巴基斯坦执法部门的工业品出口管控能力，并围绕管控常规武器与军民两用技术等议题展开双边磋商。美国能源部向巴基斯坦政府海关总署和战略性出口管制总局的工作人员提供了一系列打击恐怖主义培训课程，课程内容主要围绕如何高效且正确地侦察、识别出具备一定安全威胁与风险的战略物资这一主题而展开。总而言之，在国际社会的共同努力下，近年来巴基斯坦政府始终致力于培养边防部门的出口管制能力，开展了一系列针对军民两用技术与材料的侦察识别行动，查封了大量可能被用于制造大规模杀伤性武器以及相关运载设施的货品。

巴基斯坦作为核安全峰会和打击"核恐怖主义全球倡议"的参与者，积极推进反恐工作进程并致力于增强其边境部门的战略性贸易管控能力，并定期更新国家出口管制清单。同时，按照"集装箱管控行动项目"所制定的行动框架，联合国毒品与犯罪办公室和世界海关组织对巴基斯坦政府人员提供了反恐培训，重点增强巴基斯坦托尔哈姆（Torkham）和贾拉拉巴德（Jalalabad）两处边检站军事人员的反恐能力。

五、南美的反恐态势

（一）哥伦比亚

崎岖恶劣的地形环境、茂密的森林、极低的人口密度、政府管辖乏力等因素共同导致了哥伦比亚与委瑞内拉、厄瓜多尔、秘鲁和巴西接壤的边境地区不可避免地成为了恐怖组织的藏身之所。"哥伦比亚革命武装力量"和"民族解放军"等恐怖组织已经在当地建立了多个据点或基地。哥伦比亚政府努力摧毁这些恐怖组织的融资体系，旨在切断其后勤补给与信息通讯网络。哥伦比亚政府安全部队开展一系列的突袭打击行动，以削弱恐怖组织发动恐怖袭击的行动能力。从2015年起，由于哥伦比亚政府与"哥伦比亚革命武装力量"进行了和平谈判,后者最终放下武器,与哥伦比亚政府和解。[①] 因此,哥伦比亚国内的恐怖袭击事件整体呈现出下降趋势。但其他非法武装团体仍在利用哥伦比亚松散而疏于管理的边界地区,尤其是边远山区以及丛林地区作为其行动据点,开展恐怖主义培训、走私毒品、矿产开发等多项违法活动。

与此同时,哥伦比亚在同厄瓜多尔的关系改善之后,推动了两国政府在安全执法领域的合作关系;与巴拿马国家边境总署实施反恐情报共享;同巴西政府保持着密切的反恐合作,共同打击隐匿于两国边界地区的多个恐怖组织据点。

(二)委内瑞拉

当前,委内瑞拉同哥伦比亚接壤地区的管理体系较为松散,易受恐怖组织的渗透与影响,这使得"民族解放军"等恐怖组织能够毫无阻碍地进出委内瑞拉。委瑞内拉政府对于恐怖主义融资活动保持着一种较为宽松的管制状态。部分疑似支援、资助恐怖主义的社会团体利用这一点进行非法金融活动。与"哥伦比亚革命武装力量""民族解放军"和"巴斯克祖国自由解放组织"保持着密切联系的激进分子也频频现身于委瑞内拉境内。

委瑞内拉刑法和其他的附加法律条款明确将恐怖主义列为犯罪行为,并详细规定了向涉嫌参与恐怖主义事件的犯罪嫌疑人提起诉讼的司法程序。委瑞内拉军方行使着打击恐怖主义的职责与任务。委瑞内拉武装部队下属的反军事间谍总局和国民警卫队特设的指挥行动组织部肩负打击恐怖主义势力的主要责任。除此以外,委瑞内拉国内的坡利瓦尔国家情报总署及内政、司法与和平部下属的科学、刑事和犯罪调查局责成反恐调查组承担着反恐的民事责任。

[①] 2016年11月24日,哥伦比亚总统桑托斯和该国最大反政府武装"哥伦比亚革命武装力量"领导人罗德里格·隆多尼奥·埃切韦里在哥首都波哥大正式签署新的和平协议。

◇ 互联网时代的都市反恐

委瑞内拉各入境口岸容易遭受恐怖主义的影响与渗透。委瑞内拉边检部门很少在出入境的港口开展背景资料和生物数据等两方面的安全检查，且并未配备自动化的系统采集商务航班的旅客预检姓名记录信息，或者根据旅客入境记录反复核对航班的旅客名单。2015年8月委瑞内拉政府关闭了其国内西部地区塔奇拉州（Tachira）和苏里亚州（Zulia）与哥伦比亚的多个过境检查站，希望借此能够有效遏制委瑞内拉边境地区的非法走私活动和武装行动。

第二节 大规模杀伤性武器扩散与全球反恐

在过去的数十年间，遏制并预防化学、生物、核武器的扩散一直是各国政府保障国家安全的重中之重。随着现代通讯技术和跨境物流的发展，越来越多的国家认识到：必须阻断、预防恐怖组织掌握、获取、制造或应用化学、生物、核武器的途径。因此，全球反恐的重要目标是通过设立一系列严厉打击化学、生物、核武器非法扩散的行动项目，以裁减或全面清除多个国家的大规模杀伤性武器及其材料、限制化学武器材料的非法使用和专业技术知识的扩散，阻止化学、生物、核武器和相关材料的非法走私活动。当前，虽然国际社会在保障全球范围内化学、生物、核武器相关材料的安全性以及不扩散方面取得了显著成功，但非法走私与贩运相关材料的活动仍然屡禁不止。

由于生化武器和核武器能造成巨大的人员伤亡和基础设施的损毁，这使得恐怖分子为了提升暴恐袭击带来的社会恐慌效应，纷纷密谋获取、研发或使用化学、生物、核武器材料。在互联网时代，能够较易获取制造或使用化学、生物、核武器材料的相关信息，而且一些制造化学武器的相关技术和生产材料具备军民两用的特性，因此恐怖分子很有可能掌握化学、生物、核武器的材料与技术，这使得各国都面临着遭受恐怖分子大规模杀伤性武器攻击的威胁。"伊斯兰国"在伊拉克和叙利亚发动了数起小规模的化学武器袭击,例如2015年8月21日发生于叙利亚马雷亚地区(Marea)的芥子气恐袭活动。除此以外,由于国际社会已经充分认识到"伊斯兰国"获取化学、生物、核武器能力的图谋,因此遏制"伊斯兰国"掌握和使用化学、生物、核武器成为当前各国的反恐共识。

随着越来越多的国家明确表达了对恐怖分子获取化学、生物、核武器的担忧,相关国际组织发起了一系列打击与遏制生化武器扩散的国际公约,以进一步削减或清除现存的化学武器相关材料。此外还包括:规范军民两用专业技术的转移与获得,严格限制特定商品的贸易流通;对签约国提供援助以制定对接国际反恐规范的国内法律。国际打击核武器扩散的行动计划重点围绕宣传和平使用核材料和相关技术、防范化学武器材料和专业技术扩散、严厉打击核武器原料的非法走私活动等。国际社会向面临大规模杀伤性武器扩散威胁的国家提供技术和资金方面的大力援助,并希望借此增强受援国执法部队防范化学、生物、核武器扩散的能力。

一、防止大规模杀伤性武器扩散的国际文件

(一)《防扩散安全倡议》

自2003年《防扩散安全倡议》出台以来,这项倡议显著增强了各国政府打击大规模杀伤性武器非法走私活动的能力,并且提升了相关偷运路径的信息搜集能力。截止到2015年12月31日,全球共计有105个国家政府通过并批准了《防扩散安全倡议》当中的《禁制原则声明》,纷纷承诺将制定并出台相关法案,以贯彻、履行此项倡议,并积极参与遏制大规模杀伤性武器和相关物质材料非法走私活动的国际合作。例如《打击核恐怖主义全球倡议》是由86个国家和5个官方观察员组成的国际反恐合作网络,旨在增强国家预防、识别、打击核恐怖主义的行动能力。与此同时,《打击核恐怖主义全

球倡议》的签约国也积极参与了一系列多边反恐行动和军事演习,围绕打击核恐怖主义等相关议题进行经验分享。截止到 2015 年底,《打击核恐怖主义全球倡议》的签约国已经举办了超过 75 场多边反恐行动和 9 场高级别的全体会议,借此推广关于核取证分析、核扩散应急预案等议题的行动经验。

美国政府严厉打击核武器的走私行动。"核武器走私响应小组"作为一个跨部门合作小组,致力于统筹协调美国政府各个部门共同打击非法贩卖核武器和放射性物质。"核武器走私响应小组"直属的各个机构也积极同外国政府展开联动行动,以打击核材料走私、起诉涉案嫌疑人、建设核恐怖主义的情报信息库,尤其是关于走私分子和恐怖分子沟通渠道的相关信息。当前,"核武器走私响应小组"接受美国国务院的领导,主要成员由防核扩散机构、执法机关和情报部门的反恐代表所组成。

(二)《全球减少威胁倡议》

《全球减少威胁倡议》指出国际社会面临着来自化学、生物、核技术材料扩散,以及恐怖分子掌握大规模杀伤性武器所造成的安全威胁,并发起一系列阻止恐怖组织非法获取化学、生物、核武器等相关专业人才、生产材料和关键技术的行动。除此以外,《全球减少威胁倡议》积极招募掌握制造化学、生物、核武器核心技术的科学家、技术人员和工程师参与相关反恐行动,严格保障相关生产材料和基础设施的安全,借此挫败恐怖组织非法获得制造大规模杀伤性武器的知识、生产材料和关键技术,阻止其将化学、生物、核武器用于发动恐怖袭击。由于中心城市及其关键性基础设施是近年来恐怖分子的袭击目标,因此《全球减少威胁倡议》得到了受到生化武器扩散和恐怖主义威胁的多个国家的积极响应与支持,并进行了一系列制度与信息的更新,以应对最新出现的化学、生物、核武器所导致的安全威胁,该倡议在跨国反恐合作中承担着重要责任。

(三)《生物武器公约》

在 2011 年 12 月举办的《生物武器公约》审议会议期间,各协约国政府通过了一项反恐行动项目,旨在增强国际社会防止生物武器的扩散、打击恐怖组织非法应用生物武器的能力。为了提升国际社会对于具有潜在巨大危害的军民两用科学研究的认知与监管程度,《生物武器公约》签约国采取一系列政策措施以落实相关措施,未来的工作重点包括以下几个方面:对恶意使用生物武器的早期侦查行动、加速相关的司法体系建设、进一步推广可持续且高效的实验室生物安全保障机制、识别并化解国际社会协同打击生化恐怖主义存在的障碍。

二、防止大规模杀伤性武器扩散的国际机制

(一)国际禁止化学武器组织非国家行为体工作组

非国家行为体工作组成立于 2015 年 10 月,隶属于国际禁止化学武器组织下设的"恐怖主义问题不限成员名额工作组"。该小组通过技术秘书处推动国际反恐沟通与合作,以解决缔约国面临的恐怖主义威胁。例如美国作为非国家行为体工作组的支持者,围绕防止化学武器扩散等关键议题发表了多篇专家简报。除此以外,非国家行为体工作组的主要任务包括三个方面:保障化学武器的安全性、履行《禁止化学武器公约》等国际法对非国家行为体的法律责任、对无力管理和销毁化学武器的国家进行技术援助。非国家行为体工作小组作为国际打击化学恐怖主义的专业论坛,对于应对恐怖组织带来的安全挑战起到了至关重要的作用。

(二)"反核走私计划"

遏制恐怖分子和极端分子通过地下非法流通渠道获取极度危险的放射性与核物质材料,是国际反恐合作的重要举措。美国在"反核走私计划"的资助下,联合 13 个反恐伙伴国政府开展了一系列打

击核恐怖主义的行动项目，共同制定并实施了《联合行动计划》系列协定，其行动目标在于：增强签约国政府打击核材料和放射性物质走私的能力。美国作为国际打击核恐怖主义的领导者，积极寻求国际社会的资金援助，以满足超过其他反恐伙伴国家能力的反恐需求。

与此同时，美国通过参与多场打击核恐怖主义研讨会和相关双轨外交活动，进一步整合执法部门、情报机关和专业技术机构的行政资源。在"反核走私计划"专项反恐行动的支持下，已有20多个国家实现了打击核恐怖主义的行动目标。其中包括：提升打击核材料走私联动机制的效率、增强核取证分析能力、构建起诉核走私犯罪的司法程序等。如今，美国及其反恐伙伴国已经建构了打击核材料走私活动的跨国合作网络。

（三）"出口管制与相关边境安全项目"

目前，由美国发起的"出口管制与相关边境安全项目"已经得到67个伙伴国的支持与参与，该项目致力于增强伙伴国执法部门管控战略性物资流通、挫败化学武器材料非法交易的能力。"出口管制与相关边境安全项目"有助于提升伙伴国边境口岸的执法部门对战略性物资走私活动的侦察与打击能力。此外，"出口管制与相关边境安全项目"强调伙伴国构建战略性货物管控司法体系的重要性，并建立了一个致力于履行国际化学武器材料不扩散义务与实施战略贸易管制的特别工作小组。[1]

美国通过向其他伙伴国援助战略物资与科学技术，促使其建立跨境贸易管控与安保体系，这种国际援助属于美国反恐战略规划的重要内容。美国希望借此提升各国政府对于国际化学武器不扩散规范的履约能力。

2015年，"出口管制与相关边境安全项目"共负责监督了300

---

[1] 该工作组主要由数位反扩散政策制定者和技术专家所组成。

余场、超过 55 个国家参与的区域性和国际性反核恐怖主义行动，增强了各国打击走私军民两用物资和常规武器的能力，毕竟高危物品的监管失范很可能会造成杀伤性材料的扩散以及地区局势的动荡不安。在美国政府的大力支持下，"出口管制与相关边境安全项目"与多项防核扩散项目相结合，实现部际合作与资源整合，其中包括：美国国防部发起的"国际反扩散项目"和"减少威胁合作计划"，美国国土安全部开展的"集装箱安全防范倡议"，美国能源部开展的"国际反化学武器材料扩散出口管制行动项目"和"侦察、打击与威慑核材料非法走私行动项目"，以及美国国务院发起的"反恐怖主义援助项目"和"国际打击毒品走私和执法保障援助项目"等。

"出口管制与相关边境安全项目"与全球防止大规模杀伤性武器扩散理念相结合，向 52 个伙伴国政府提供培训课程与先进反恐科技，致力于增强伙伴国执法部门针对偷运大规模杀伤性武器组成部件及战略性物资的遏阻能力，在双边与多边协同行动的框架下，敦促各伙伴国承担包括联合国安全理事会 1520 号决议在内的国际责任、严格遵守多边出口管制政策。

（四）"侦察、打击与威慑核材料非法走私行动项目"

"侦察、打击与威慑核材料非法走私行动项目"又被称为"第二防线项目"，由美国能源部直属的核安全局发起。该项目主要通过美国与反恐伙伴国进行联合行动，提供共享辐射探测系统、打击核恐怖主义培训以及持续性技术援助等，增强各国边境执法部门针对部分管控物品名录之外的特殊核材料走私活动的防范与打击能力。此外，"侦察、打击与威慑核材料非法走私行动项目"与欧洲委员会和国际原子能机构等核安全保障国际组织发起协同打击核恐怖主义扩散能力培养的一系列行动，例如在各国边界地区的过境处、机场、港口和军事管制区应用固定、移动以及手持式的雷达探测技术设备，以提升其核探测技术与协同行动能力。

第三节 全球性国际组织的反恐实践

从2015年至今,各国在区域性与全球性多边平台开展反恐合作,取得了显著成效,在联合国、国际刑警组织等全球性国际多边机构的推动下,出台了一系列全球反恐规范,大幅提升了各国政府联合反恐的行动能力。

一、联合国的反恐实践

联合国安全理事会始终致力于防止恐怖分子的跨国流窜。这一举措主要通过推动各国政府和区域性国际组织严格执行联合国安理会第2178号决议,该决议要求各国政府"预防并遏制外国恐怖组织的社会融资、宣传招募、组织集会、偷运武器等非法活动"。立陶宛、西班牙和美国分别在其担任联合国安理会轮值主席国期间,围绕如何增强边境安全、预防恐怖分子跨国流窜、打击暴力极端主义、打击"伊斯兰国"募集融资网络等多项议题,主办了多场部长级高官会议,展开了详尽的探讨。联合国安全理事会通过了多项反恐决议,例如联合国安理会第2199号决议、第2253号决议削弱了"伊斯兰国"、"努斯拉阵线"、"基地"组织及其分支的金融援助网络,并强调全面禁止石油走私、绑架勒索赎金以及从叙利亚境内非法偷运、贩卖文物等非法活动。联合国安理会第2250号决议强调了青年团体在打击暴力极端主义进程中的重要作用。此外,联合国建立了多项反恐行动机制,包括以下几类。

(一)打击恐怖主义委员会反恐执行局

联合国打击恐怖主义委员会反恐执行局设置了一系列能力差距分析项目,用于进一步推动成员国各级政府贯彻、执行联合国安理会第1373号、1624号和2178号决议,为其提供反恐培训和技术援助。打击恐怖主义委员会反恐执行局发起了一系列反恐专题的辩论会，其中涉及的议题包括：如何有效遏制国外恐怖分子的跨国流窜，女性在反恐进程中的责任与角色，预防恐怖组织与个人应用互联网社交软件招募人员、渲染恐怖氛围、组织袭击事件等。

（二）打击恐怖主义执行任务组

打击恐怖主义执行任务组发起了反恐能力培养与发展项目，致力于援助各个成员国政府进一步贯彻联合国安理会2178号决议，增强《联合国全球反恐战略》的落实程度。打击恐怖主义执行任务组成立了旨在提供反恐培训和技术援助的联合国反恐咨询中心。美国、英国向联合国反恐咨询中心和打击恐怖主义执行任务组的相关反恐项目提供了资金支持，这些项目包括：打击恐怖分子跨国流窜的旅客预检信息技术支持项目，针对马里安全部队和司法机关工作人员开展的反恐能力培养项目，提升边检人员的反恐培训项目，打击恐怖分子勒索赎金的经验分享项目，社区反恐项目等。

（三）联合国反恐制裁委员会

2015年12月17日，美国时任财政部长雅克布·卢（Jacob Lew）主持了联合国安理会部长级特别会议，各国财政部长围绕如何有效打击"伊斯兰国"等恐怖组织的融资活动，进而将其隔绝在世界金融体系之外等议题展开深入探讨。在此次会议期间，联合国安理会通过了第2253号决议，修正了此前通过的1267号、1989号决议对于"基地"组织的制裁名单，提出了对"伊斯兰国"和"基地"组织的制裁机制与恐怖组织和恐怖分子名单，成立了旨在执行1267号、1989号、2253号决议的联合国反恐制裁委员会。

反恐制裁委员会下设的监察小组辅助联合国制裁委员会督察专员所肩负的将部分恐怖主义组织从制裁名单中除名，并且向联合国制裁委员会提议修订相关反恐法案等工作职责。这些措施使得联合国反恐工作流程更为明晰与合理，提升了各成员国政府对于安理会制裁恐怖主义措施的落实程度。安理会各理事国政府向监察小组提供反恐情报援助，以便开展进一步的调查与报道。截止2015年，联合国制裁名单包括215名激进/极端分子和72个恐怖主义团体，并且名单还在持续增补之中。除此以外，联合国反恐制裁委员会也通过定期开展审查行动，将不再符合制裁规范的个人或相关团体从名单中移除，以保障联合国制裁名单的真实性与完整性。[①]

（四）预防恐怖主义办事处

预防恐怖主义办事处是联合国毒品与犯罪办公室的下属机构，向欠发达国家提供反恐法律援助，旨在提升各国司法系统对于巴尔干半岛地区和中亚地区恐怖主义势力的应对反击能力，例如协助摩洛哥政府构建反恐法律，以有效打击恐怖主义。

（五）区际犯罪研究所

联合国区际犯罪研究所发起了以帮助恐怖主义释囚重新融入主流社会为主题的《罗马备忘录》。除此以外，区际犯罪研究所于2015年启动了一项预防人员流动试点项目，旨在阻止国外恐怖分子和易受暴力极端主义和恐怖主义煽动的狂热分子跨区域流窜。由于一些激进的青年群体极易受到极端主义思想或恐怖主义招募分子的影响与渗透，引起各国安全部门的高度关注与担忧，因此该试点项目致力于保护青年群体免受恐怖组织的蛊惑。

（六）联合国安全理事会第1540号决议执行委员会

联合国安全理事会第1540号决议执行委员会主要负责监管、推动各国政府落实联合国安理会第1540号决议的相关建议与责任，要求所有成员国采取适当且有效的遏制措施，防止恐怖分子掌握化学武器、生物武器和核武器以及运载工具和相关生产材料。联合国安理会第1540号决议执行委员会的工作集中在以下领域：监测成员国政府对具体措施的落实情况，积极开展与其他国际反恐组织的合作

---

① 2015年联合国制裁委员会将21名恐怖分子从监管名单中移除。

行动，确保反恐进程和媒体宣传的透明化与公开化。2015年12月，该委员会向联合国安全理事会提交了年度工作报告，详尽阐述了第1540号决议的贯彻与执行情况，并于2016年开展了第二轮对联合国安理会1540号决议的全面回顾行动。该委员会下设的专家小组作为联合国打击恐怖主义执行任务组的分支机构，同国际刑警组织、联合国毒品与犯罪办公室、金融特别工作小组等全球反恐多边机构开展合作。

二、国际刑警组织的反恐实践

国际刑警组织主要通过全球警用通信系统——"I-24/7"系统，以及制定的反恐信息、扩散和通知系统，使得各成员国相关部门能够顺利接入、调取一系列的侦查与分析数据库。多个成员国正积极将国际刑警组织公布的反恐信息共享资源纳入各自的边界安全和公共安全基础设施建设项目当中，以此推动监测和阻断跨国犯罪分子非法越境的执法行动。

国际刑警组织下设的反恐联合中心发起的"打击国外恐怖分子项目"作为一个多国联合打击恐怖主义的重要平台，负责管理一个国外恐怖分子数据信息库，该数据库有助于增强各个成员国执法机关和边防管控部门的工作人员辨识密谋潜入其辖区的恐怖分子的能力。迄今为止，超过50多个国家向国外恐怖分子数据信息库提供了6000余条国外恐怖分子的身份信息，使得该平台共享的反恐信息数量呈现几何级的增长。除此以外，国际刑警组织各成员国之间还启动了反恐情报的数据整合、评估与共享行动，这些情报聚焦于国外恐怖分子最新采取的暴力袭击方式，并确保准确无误的情报和分析报告能够及时发送到反恐第一线的指挥官手中。在这些情报的支持下，国际刑警组织各成员国仅在2015年，就启动了2000余次旨在打击国外恐怖分子跨国流窜的警备行动。

三、国际民航组织的反恐实践

一直以来,国际民航组织发起的"全球安全监查计划"要求191个成员国政府严格按照现行航空安全标准定期进行安全核查,从而有效保障各国的航空安全。国际民航组织推动"全球安全监查计划"向"全方位监管路径"过渡,以便集聚更多的资源以援助尚未达到国际航空安全标准的国家。国际民航组织已经进行了试点,并推进审查人员的资质认证工作。与此同时,"全球安全监查计划"向各个成员国派驻了援助特遣队,帮助各国执法部门消除航空安全隐患。

国际民航组织和联合国毒品与犯罪办公室、联合国打击恐怖主义委员会反恐执行局推动各自成员国批准与贯彻国际反恐公约协定。例如,国际民航组织与联合国打击恐怖主义委员会反恐执行局进行合作,协助各国落实联合国安理会公布的包括边界管制在内的一系列反恐决议。除此以外,这两大国际反恐组织之间也进行了交流访问,联合主办聚焦于打击恐怖主义和严查伪造旅行文件的多场研讨会,推动了关于边境安全管控和航空安全保障的经验共享。国际民航组织鼓励成员国政府全面应用旅客预检信息与旅客姓名记录,大部分成员国也积极参与国际民航组织发起的公钥名单目录行动,将其作为本国电子护照验证行动的重要凭据。国际民航组织同世界海关组织展开合作,提升了海上货运监督与检查的工作标准。

四、国际原子能机构的反恐实践

国际原子能机构一直积极推动"核安全计划"的全面落实,希望借此打击、遏制有关核材料和其他放射性物资走私或偷运所造成的核恐怖主义威胁。世界主要国家积极参与国际原子能机构开展的打击核恐怖主义工作,确保核原料和核废料、其他放射性物质以及相关设备的安全性,减少恐怖组织非法获取或使用核武器材料或专业知识的风险。

五、全球反恐论坛

2011年9月,全球反恐论坛正式启动,主要职责是提升各国打击恐怖主义威胁的行动能力。全球反恐论坛已经募资数亿美元用于援助欠发达国家或区域性组织所发起的反恐行动倡议,尤其是在国家层面与区域层面,落实全球反恐论坛颁布的相关标准。与此同时,全球反恐论坛与伙伴国政府、特别是发生政体改变的国家共同应对恐怖主义和暴力极端主义思潮。当前,全球反恐论坛由30个创始成员所组成(包括29个国家政府和欧盟),定期召开成员国高官会晤会议,届时来自联合国、区域国际组织或机构的反恐专家将提出最新的反恐趋势与解决方案。此外,全球反恐论坛还分享权威的专业知识和信息资源,以满足国际反恐合作的需要。

全球反恐论坛建立了两项全新的反恐合作机制。一是国际打击恐怖主义和暴力极端主义资源交换机制。该机制致力于建立最新的反恐信息数据库,推进打击恐怖主义和暴力极端主义的能力培养项目。该机制在肯尼亚、尼日利亚和突尼斯三国进行试点工作,协助受援国在联合国安理会和联合国大会关于打击恐怖主义和暴力极端主义相关决议所涉及的关键领域做好反恐资源调配工作。二是应对暴力激进主义生命周期的倡议。该行动倡议正在研发一套用于遏制激进主义向暴力主义演变的工作体系,包括两个阶段:一是在激进主义的生成阶段,各国政府应阻止国内激进分子受到"伊斯兰国"和其他恐怖组织蛊惑并与之沆瀣一气。二是在激进主义的发展阶段,各国政府应将暴力化的激进主义分子纳入司法系统的管理之下,并做好激进分子的思想改造与重归主流社会的相关工作。全球反恐论坛成立了跨部门合作行动小组,旨在总结和分享反恐经验,筹措资源以满足从预防—挫败—援助等各个反恐阶段的行动需要。

为了向打击暴力极端主义工作提供培训课程和反恐资源、打造法治管理的专业平台，全球反恐论坛筹建了以下三个独立的反恐机构。

一是赫达亚反恐研究中心。这是首个以打击暴力极端主义为核心议题的重点科研基地，总部位于阿联酋首都阿布扎比。赫达亚反恐研究中心成功主办了多起反恐培训和能力培养课程，主要侧重于提升基层警察和社区对反恐工作的参与程度，强调打击暴力极端主义与职业技能教育同步进行的重要性。与此同时，赫达亚反恐研究中心还公布了《国家打击暴力极端主义战略的指导方针和良好惯例》，为有意构建或改进反恐战略的国家提供指导与援助，全球反恐论坛也希望以此为依托，构建更为广泛的反恐战略或行动框架。

二是国际司法与法治研究所。该组织于2014年6月成立，总部设在马尔他，致力于为世界各国的立法机构工作人员以及警察、检察官、法官、狱警狱管等司法人员提供反恐培训，以打击跨国犯罪和恐怖主义活动。国际司法与法治研究所培训了来自40多个国家的500余名刑事司法专家和工作人员。国际司法与法治研究所支持的反恐活动包括以下几个方面：摧毁恐怖主义辅助网络、建构官方或者非官方的法律合作体系、严厉打击绑架勒索活动、制定反恐政策的同时提高法治程度、保障边境地区安全、将外国恐怖分子绳之以法、推进交互式法律援助、支持高级司法工作人员参与起草反恐法律、主办全球反恐论坛刑事司法工作小组全体会议、制定打击恐怖主义领域的会议议程与行动计划。

三是全球共同约定与恢复资金委员会。该机构成立于2014年6月，总部设在日内瓦。全球共同约定与恢复资金委员会将孟加拉国、马里和尼日利亚列为试点国家，为其建立了一整套"国家援助体制"，将政府、公民和私营机构联合起来，共同制定发展评估报告，并严密监管国际反恐资金援助的划拨进度。与此同时，全球共同约定与恢复资金委员会还成立了一个独立审查委员会，对拨款申请提出切实可行的建议，监督与审核对国际反恐资金的使用。这部分拨款主要用于反恐项目。除此以外，2015年12月全球共同约定与恢复资金委员会将缅甸、肯尼亚和科索沃作为额外的受援国（地区），并审核了上述试点国家所提出的国际反恐资金申请草案。

此外，全球反恐论坛高度重视与联合国的合作，积极推动各国政府落实《联合国全球反恐战略》。从广义来讲，全球反恐论坛是落实联合国反恐倡议的一种重要行动机制。全球反恐论坛还同一系列区域多边合作机构，例如欧洲委员会、欧洲安全与合作委员会、非洲联盟和东非政府间发展组织等开展了多次协作打击恐怖主义行动。①

六、反洗钱金融行动任务组

"反洗钱金融行动任务组"就打击恐怖组织融资等系列议题开展了多场会议，会议主题包括：分析最新出现的恐怖组织融资威胁与风险、预防并挫败恐怖组织对非盈利组织融资权力的非法滥用、严厉打击"伊斯兰国"的融资辅助网络、提升各成员国政府对打击恐怖组织融资国际标准的执行能力等。除此以外，美欧等国强调开展有针对性的反恐制裁，建议采取冻结或没收恐怖主义资产的方式。同时，美国作为"反洗钱金融行动任务组"的核心成员，提议"反洗钱金融行动任务组"将所有的恐怖融资和资助国外恐怖分子的活动均视为违法行为，并将其纳入各成员国最新修订的反恐法案之中。

---

① 东非政府间发展组织（Inter-Governmental Authority on Development）的前身是由埃塞俄比亚等7个东非国家组成的东非政府间抗旱发展组织。1996年，在内罗毕举行的东非政府间抗旱发展组织成员国领导人会议决定把该组织易名为"东非政府间发展组织"，并把工作重点从抗旱转移到防止地区冲突和扩大经济合作方面。根据该组织通过的宪章，今后将主要处理安全和政治问题，着重于防止成员国间发生新的冲突。

第四节　区域性国际组织的反恐实践

区域性国际组织是国际反恐的中坚力量，欧安会、欧盟、北约、东盟等不同类型的国际组织都将反恐列为新的工作内容。

一、欧洲安全与合作组织

2015年12月，在塞尔维亚首都贝尔格莱德举办的欧洲安全与合作组织（以下简称"欧安组织"）部长级理事会会议上，提出了加强欧安组织打击"伊斯兰国"的工作行程。欧安组织发起了一系列打击暴力极端主义的行动倡议和宣传活动，主办了多场反恐专题会议，以呼应美国政府在2015年2月主办的"白宫反暴力极端主义峰会"。欧安组织会员国分享了打击国外恐怖分子招募机制的成功经验。同时，欧洲安全与合作组织开展了一项反恐能力培养项目，旨在为各成员国地方政府提供技术与信息援助，以有效遏制暴力极端主义势力的舆论宣传。欧安组织的反恐行动倡议得到了其他配套措施的支持，其中包括：2015年10月，在罗马尼亚首都布加勒斯特举办的反恐政策背景下"媒体自由与责任"研讨会，以及同年9月在东南欧国家举办的打击恐怖主义系列专题讲座。与此同时，在边境地区安全保障领域，欧洲安全与合作组织在塔吉克斯坦首都杜尚别成立边境管理公务员学院，以培养各个成员国海关与边境部门打击中亚地区跨国恐怖主义的行动能力。欧安组织通过在西班牙设置边境安全保障培训机制，侧重于培养北非和中东地区的地中海反恐伙伴国执法机关的反恐能力。欧安组织还发起了一系列反恐行动倡议与举措，致力于建立一套打击跨境恐怖主义、保障旅行证件安全、互联网反恐和防止化学武器扩散的刑事司法系统。

二、北大西洋公约组织

北大西洋公约组织（以下简称"北约"）开展的打击恐怖主义工作，紧密围绕着增强民众对于恐怖主义威胁的认识、提升伙伴国反恐能力两大主题。2015年，北大西洋理事会与北约联合举办了一场打击互联网恐怖主义的专题研讨会，来自联合国、全球反恐论坛、美国以及非政府组织的数位代表参会。与此同时，北约总部情报局和成员国情报部门开展了日益频繁的反恐情报共享，并制定了打击跨国恐怖主义的分析报告与政策建议。

建立反恐合作伙伴关系网络与创新反恐科技是北约的核心任务之一，毕竟恐怖主义造成的不对称威胁是北约面临的迫切安全问题。北约的反恐行动及其项目任务均由"防恐行动工作组"承担，"防恐行动工作组"致力于保护部队、百姓和重要的关键基础设施免受恐怖袭击的破坏，其袭击手段包括：自杀式炸弹、简易爆炸装置、地对空火箭弹以及生物与放射性武器等。此外，"防恐行动工作组"也通过开展增强士兵应急与预备能力的相关项目来支持北约战备联合特遣部队所开展的反恐系列行动。为了协助"反'伊斯兰国'联盟"的军事行动，北约不断推动"防务与相关安全能力建设一揽子行动计划"的落实与开展，以此援助伊拉克政府建立高效的反恐安全部队。

三、欧洲联盟

欧洲联盟（以下简称"欧盟"）与美国政府开展了一系列反恐合作，共同遏制恐怖组织融资活动、打击暴力极端主义、摧毁国外恐怖分子联络网络、培养伙伴国家的反恐能力等。美欧双方定期召开高级别工作磋商会议，例如"美国—欧盟反恐协商"和"美国—欧盟打击恐怖组织融资政治对话"。在巴黎"11·13特大连环恐怖袭击案"发生之后，①欧洲国家各大城市处于恐怖袭击的阴影之下。2015年12月，欧盟实施了多项反恐行动，其中包括：进一步完善欧盟各个情报信息库当中的国外恐怖分子入境数据；通过了一项"旅客姓名记录管理决议"以高效追踪恐怖分子；加大与美国、加拿大等国开展更为密切的反恐合作。

四、东南亚国家联盟

东盟地区论坛是东南亚国家联盟（以下简称东盟）主持的区域性多边安全合作平台。东盟地区论坛的27个会员国政府开展了一系列打击恐怖主义行动，例如实施"打击恐怖主义和跨国犯罪行动计划"、推广反恐能力培养项目等。2015年9月22—23日，菲律宾政府在马尼拉市承办了东盟地区论坛"恐怖主义事件与其他重大伤亡案件受害者响应支持探讨会"，来自东盟各成员国的63位政府官员与执法人员参会，他们都是负责本国灾害预防、反恐协调、国家安全等事务的精英。东盟地区论坛分享了各个成员国援助恐怖袭击受害者的成功经验，鼓励成员国之间进行反恐情报共享。当前，东盟地区论坛积极推动"打击恐怖主义和跨国犯罪行动计划"，未来工作重点包括以下内容：打击与挫败毒品走私，打击化学、生物、放射性与核恐怖主义活动，保障互联网信息安全，打击激进主义势力的渗透与煽动，建立区域跨国犯罪信息共享中心，启动非法移民治理研讨会等。

五、亚太经济合作组织

亚太经济合作组织一直在积极推进"打击恐怖主义与安全贸易战略"。此项战略于2011年正式通过并付诸实施，在坚持安全、时效和适应性原则的基础上，对供应链、旅游业、金融行动和基础设

---

① 2015年11月13日晚，法国首都巴黎同时发生多起恐怖袭击，造成129人死亡，352人受伤。

施等四大交叉领域的安全挑战提出风险规避措施。亚太经济合作组织多次强调恐怖分子的跨国流窜严重威胁亚太国家的安全，提出旅客预检信息系统能够有效规避安全风险。亚太经济合作组织还举办了"打击恐怖分子使用新型支付系统"的主题研讨会，这不仅有助于提升各成员国打击恐怖分子非法使用新型支付系统的能力，而且有助于提升新型支付系统的合法性和透明性。

六、美洲国家组织

迄今为止，美洲国家组织下设的泛美反恐委员会开展了70余场反恐行动、培训课程和技术援助行动，主要涉及边境管控、重要基础设施安保、反恐法律援助、遏制恐怖组织融资、应对新型恐怖主义威胁、促进国际反恐合作六大领域。美国是泛美反恐委员会反恐培训项目的主要捐助国，向反恐打击能力培养项目提供了大量资金与技术援助，侧重于航空安全、旅行文件安全、预防证件造假、互联网安全、反恐法律援助、打击恐怖组织融资、确保供应链安全以及海关与移民局反恐能力培养等方面。

七、七国集团

2015年，七国集团举办了罗马—里昂特别行动小组系列会议，制定了一项反恐政策，其中包括应对恐怖分子跨国流窜的措施。此外，七国集团还新成立了"国际打击恐怖主义和暴力极端主义情报交换机制"，美国对此提供了大量援助与支持。七国集团在全球反恐论坛的援助下，积极推动该机制和相关项目的顺利进行。罗马—里昂特别行动小组围绕运输安全、高科技犯罪、非法移民、刑事法律援助等议题，推动相关的跨国反恐合作。

第六章　互联网时代的都市反恐体系建设

第一节　差序格局视域下的都市反恐体系

首都城市面积广大、人口众多，易发生暴恐袭击的地点较多，而防恐资源相对有限。因此，如何提升反恐资源的覆盖率和使用绩效，成为各国首都管理部门的重要议题。"摊大饼"和"撒葱花"式的反恐资源投放，不仅容易造成反恐资源的浪费与低效，而且难以有效应对暴恐活动高发区的反恐需求。

一、北京市反恐体系构建的现实困境

虽然北京未曾遭受大规模的暴恐袭击，但随着城市人口的不断增长，首都反恐压力不断增大。如前所述，当前北京市面临的暴恐威胁形势如下：一是国内民族分裂势力与境外恐怖组织、宗教极端组织的沆瀣一气，二是邪教组织可能以袭击平民的方式对国家政府施压，三是首都城市功能转型过程中产生的一些社会矛盾可能使得一些人通过暴力方式报复社会，四是国际恐怖组织可能将北京作为袭击对象。[①] 针对当前国际恐怖组织攻击首都城市的现状，北京市需要进一步优化反恐体系，以应对多重恐怖袭击的威胁。

---

① 杨恕、焦一强："城市反恐安全区划与等级研究"，《兰州大学学报（社会科学版）》，2008 年第 2 期，第 84 页。

北京市作为拥有2100万常住人口的超大型城市，各区的政治经济发展、人口规模、反恐资源配置存在非均衡性，难以实施统一的高标准反恐体系。首都反恐体系构建的困境表现为两个方面。

一是反恐信息监测能力不足。北京市具有人口稠密、面积广大、功能区复杂等特点，如果建立全市范围内的反恐信息监测体系，不仅工程浩大，而且成本过高，缺乏可行性和可持续性。

二是反恐预警机制缺乏层次性。当前北京市反恐信息机制缺乏明确的指标化，反恐预警信息也难以存在等级化差异。再加上反恐信息监控的"广撒网"，容易造成任何一起疑似暴恐事件都会产生"牵一发动全身"的联动机制，导致全市反恐资源长期处于高强度的备战状态，尤其是反恐一线的警务人员过劳工作，影响了首都反恐安保的整体效率。

为了优化北京反恐资源的优化配置，提升首都反恐体系的威慑力与完整性，需要对北京反恐区域进行差序化管理。事实上，对城市各个区域的安全等级进行划分，是发达国家城市反恐的通用做法。为了有效改善首都反恐体系构建所面临的现实困境，就必须进行科学、明晰的北京反恐区划，确立不同行政区的反恐等级，明确重点反恐监控区域，从而为反恐预警与处置提出更为有效的人员与设备配置方案。

二、北京市反恐资源的差序化配置路径

北京市反恐体系构建之所以长期存在信息监控的短板，是因为缺乏完整的等级标准体系。这不仅造成反恐信息监测的盲目性，而且浪费宝贵的反恐资源。因此，明确北京市的反恐安全等级，实现北京反恐资源的差序化配置，具有现实紧迫性。

（一）北京反恐安全风险解析的指标体系

规避北京可能遭受的暴恐安全风险，需要设置具体的指标。既包括评判北京市公共安全现状的指标，又包括分析暴恐分子攻击行

为的指标,以此为基础方能得出客观、科学的安全区划指标体系。

分析北京城市公共安全的指标包括四个方面:一是资源集聚的地理分布。相对于河北、山西、河南、天津等周边省市来说,北京作为中国北方最大的城市,具有高度的政治经济文化资源集聚性。这种地理空间的集聚性,是我们研判北京市遭受恐怖主义袭击的重要依据。二是首都功能区的联动性。任何针对某一首都功能的恐怖袭击,都会引发其他首都功能的衰退甚至失灵,造成首都城市功能的大面积、跨领域瘫痪。三是首都民众的安全风险承受能力。北京市民在对抗暴恐风险的心理承受能力相对较低,这不仅源于首都城市强大的竞争压力和工作强度,而且首都地区的自媒体和移动互联网高度发达,任何有关公共安全的谣言都能被迅速传播,从而引起恐慌。四是首都群体间关系的敏感性。这里的群体间关系包括:少数民族与主体民族之间的关系、外来务工者与本地务工者之间的关系、失业人群与高收入人群之间的关系、宗教群体与非宗教群体之间的关系等,这些群体间关系极其敏感,如果处理不当,就极易引发社会矛盾,使之成为危害首都安全的隐患。

按照北京城市安全客观性指标进行反恐区划分级,可得出表6—1。

表6—1 根据城市安全客观性指标进行反恐分区

	参考指标	区划层级
1	人口密集度	高密集区、中密集区、低密集区
2	城市功能区	政治功能区、经济功能区、生活功能区
3	恐袭影响区	高影响区、中影响区、低影响区
4	社群关系程度	关系紧张区、关系一般区、关系融洽区
5	防恐能力保障	强能力区、中能力区、弱能力区

笔者自制。

分析暴恐分子攻击行为的指标包括四个方面:一是伤亡人数。恐怖分子如果以最大化伤亡人数为目标,那么他们必然选择出行高峰时段且人流密集地区作为袭击目标。二是物质破坏。恐怖分子如果以破坏物质财富为目标，那么他们则更易选择金融机构作为袭击目标。三是政治影响。恐怖分子如果以获取政治影响力与国内外知名度为恐袭目标，那么他们则更易选择首都城市的标志性政治建筑物与核心街区作为袭击地点，甚至包括与之毗连的社区。四是民众恐慌。恐怖分子如果以制造社会恐慌为目标，那么更易袭击大型民生基础设施。

按照恐怖分子攻击行为指标进行反恐区划分级，可得出表6—2。

表6—2 根据恐怖分子行为动机指标进行反恐分区

	参考指标	区划层级
1	大规模杀伤人员	重点目标、普通目标、潜在目标
2	破坏城市功能设施	重点目标、普通目标、潜在目标
3	制造民众恐慌	重点目标、普通目标、潜在目标
4	获得政治影响力	重点目标、普通目标、潜在目标

笔者自制。

（二）北京反恐安全区划的基本路径

如前所述，北京市的确面临着遭受恐怖袭击的现实威胁，那么本书提出的北京城市安全区划就具有较强的现实依据。要对北京各个区域遭受暴恐袭击的风险进行登记划分，就应分析城市公共安全状况与恐怖分子攻击行为之间存在的内在联系。具体分析可沿着以下三条路径进行探讨。

一是对北京市反恐体系构建要素进行量化。例如对特定时空格局条件下的人流数目、涉恐案件数目、人员与财产伤亡数目等。二是设置北京城市安全的客观性指标，对恐怖分子的攻击动机进行定性分析。三是对上述两种区划分级体系进行综合性叠加分析，最终明确北京市反恐高危区域的等级。例如，某一区域在城市安全客观性指标体系中属于高危区域,而在恐怖分子行为动机指标体系中属于低危区域,那么通过对这两种区划进行矩阵解析,该区域属于中等防恐区域(如表6—3所示)。

基于此可知:无论是根据北京市安全状况的参考指标,还是恐怖分子行为动机的参考指标,其所划设的区域都存在相互交叉性,在根据上述两种分区等级体系进行叠加和矩阵综合分析之后,可以得出北京市的反恐区划等级体系。例如,按照城市安全客观性指标划分,大学既属于人流高密集区,又属于城市教育功能区,但属于弱反恐能力保障区。按照恐怖分子行为动机指标划分,大学又属于能够造成大规模人员伤亡、造成社会恐慌的重要目标。对二者进行综合分析后可知,为了防范大量人员伤亡,大学为高级别防恐区域。需要指出的是:北京市的安全客观性指标极其繁杂,且恐怖组织的行为动机也存在多样性,因此在具体划设反恐区域等级的时候,应进行跨指标体系的叠加分析,方能得出客观准确的反恐区域等级。

表6—3 以人口密集度和杀伤人员进行叠加分析的反恐区划等级

以杀伤人员为恐袭目标等级	区域人口密集指标等级		
重点目标	H	H	M
普通目标	H	M	L
潜在目标	M	L	L

笔者自制。

(三) 北京反恐区域等级体系

本书将北京市的反恐防恐区域划设为三级:核心防恐区、重点防恐区、普通防恐区。

核心防恐区。核心防恐区的划设依据,来自于在城市安全客观性指标体系和恐怖分子行为动机指标体系中皆被列为高等安全风险的区域,遭受恐怖袭击的可能性极高。核心防恐区是首都反恐安保等级的最高级区域，也是反恐资源投入量和集中度最高的区域。例如春运期间的火车站和机场、上下班高峰期的地铁和公交车换乘站等，不仅人潮涌动、功能重要，而且民众承受力弱，属于各类恐怖组织都倾向于实施暴恐袭击的区域，因此被列为核心防恐区。通常而言，北京市核心防恐区和防范点包括：人流密集的中央政务区与中央商务区及其毗连区、核心民生基础设施、城区交通枢纽和社群矛盾尖锐区等。

重点防恐区。重点防恐区的划设依据，来自于在城市安全客观性指标体系和恐怖分子行为动机指标体系中皆被列为中等安全风险的区域，遭受恐怖袭击的可能性较高。通常重点防恐区拥有较大的人口密集度，并具备较为重要的城市功能，如果遭受恐怖袭击，也会危及城市安全并造成社会恐慌，此类区域也是对各类国际恐怖组织有吸引力的攻击目标。重点防恐区通常包括：区域性商务中心和政务中心、大学、民生基础设施、临时性人口杂居区、社群关系较为紧张的区域等。

普通防恐区。普通防恐区的划设依据，来自于在城市安全客观性指标体系和恐怖分子行为动机指标体系中皆被列为低级别安全风险的区域，遭受恐怖袭击的可能性较低。此类区域的人口密集度较低、通常不具有高等级的政治和商务机关，在城市功能区划中处于相对次要的地位，民众对涉恐信息的承受能力较强，社群关系较为和谐，属于恐怖组织的潜在攻击目标。普通防恐区通常位于城市的郊区，包括：绿化带、湿地公园、垃圾填埋场、废弃设施、军事管理区等。

综上所述，北京市反恐区域划分体系是一种"核心—半核心—外围"的三级体系（如表6—4所示）。划设此类反恐防恐区划，与国际恐怖组织袭击方式的演变具有密切关系。在当前日新月异的时代，恐怖分子也开始利用高科技实施暴恐活动，其作案工具的科技含量日益先进，其发动攻击的策略也日益以造成大规模平民死伤为目标。因此，防范地下交通基础设施的恐怖袭击，成为北京市反恐工作的核心任务。需要说明的是：本书研究的首都反恐区域差序化格局是一种动态演变的过程，这主要归因于北京市城市安全的客观性指标具有相对稳定性，而国际恐怖组织发动恐袭的行为动机具有变动性，在反恐信息的综合评价过程中，实现两者之间的信息融合存在一定的困难，这就使得笔者需要了解当前城市恐怖分子发动恐袭的行为变化，以有的放矢地完善北京市既有反恐体系构建，除对北京三级反恐区域进行持续、动态监控之外，还需加强跨区域、跨国反恐体系合作。

表6—4 北京市三级反恐区划及代表性区域

核心防恐区	重点防恐区	普通防恐区
中央政务区	区域政务区	绿化带
中央商务区	区域商务区	垃圾场
大型交通枢纽	大学园区	废弃设施
城市核心基础设施	民生基础设施	军事管理区

笔者自制。

第二节 地铁反恐与都市安全

一、2000—2017年全球地铁暴恐案回顾

进入21世纪以来，国际恐怖组织针对中心城市，尤其是首都城市的恐怖袭击呈现出上升趋势。"9·11"事件之后，以"基地"组织为代表的国际恐怖组织开始以各国首都城市的基础设施和标志性建筑物为袭击目标，并为了扩大暴恐袭击所造成的社会恐慌效应，将公共交通基础设施作为新的攻击目标，所采取的袭击方式也逐渐从爆炸、冲撞等单一方式，演变为毒气、砍杀等复合式方式。从

2000年到2017年，全球共发生重大地铁暴恐案件25起（见表6—5）。如图6—1所示，2017年爆发了10起地铁暴恐案，是近17年来地铁暴恐案最多的年份，反映出国际恐怖分子对中心城市的袭击目标大规模向公共交通设施转移的趋势。如图6—2所示，在发生地铁暴恐案的城市中，首都城市占比最高，其次是省会城市，而且在2015年至今的地铁暴恐事件中，有9起发生在首都城市，2起发生在第二大城市（伊斯坦布尔和圣彼得堡），表明恐怖分子开始将地铁袭击的对象城市定位为首都和大型国际化城市；如图6—3所示，英国和俄罗斯是近年来遭受地铁恐袭最多的国家；如图6—4所示，在遭受地铁恐袭的国家中，欧洲国家最多，其次为亚洲国家和北美洲国家。

表6—5　2000—2017年国外地铁暴恐案一览表

国家	城市	日期	恐袭方式	受伤人数	死亡人数
德国	杜塞尔多夫	2000.11.20	爆炸	9	无
加拿大	蒙特利尔	2001.9.2	纵火	40	无
韩国	大邱	2003.2.18	纵火	147	198
俄罗斯	莫斯科	2004.2.6	爆炸	120	50
西班牙	马德里	2004.3.11	爆炸	1800	191
俄罗斯	莫斯科	2004.8.31	爆炸	50	10
英国	伦敦	2005.7.7	爆炸	700	52
英国	伦敦	2005.7.21	爆炸	1	无
俄罗斯	莫斯科	2010.3.29	爆炸	150	41
白罗斯	明斯克	2011.4.11	爆炸	200	12
法国	巴黎	2015.11.13	枪击	352	129
土耳其	伊斯坦布尔	2015.12.1	爆炸	5	无
英国	伦敦	2015.12.5	持刀砍人	3	无

◇ 互联网时代的都市反恐

续表

国家	城市	日期	恐袭方式	受伤人数	死亡人数
比利时	布鲁塞尔	2016.3.22	爆炸	10	16
日本	东京	2016.9.28	毒气	21	无
法国	巴黎	2017.2.8	爆炸	8	无
英国	伦敦	2017.3.22	爆炸	42	5
俄罗斯	圣彼得堡	2017.4.3	爆炸	50	16
瑞典	斯德哥尔摩	2017.4.7	驾车冲撞	15	4
美国	亚特兰大	2017.4.13	枪击	3	1
德国	慕尼黑	2017.6.13	枪击	4	1
美国	芝加哥	2017.8.14	枪击	1	1
西班牙	巴塞罗那	2017.8.17	驾车冲撞	100	13
英国	伦敦	2017.9.15	爆炸	29	无
英国	伦敦	2017.10.16	持刀砍人	2	1

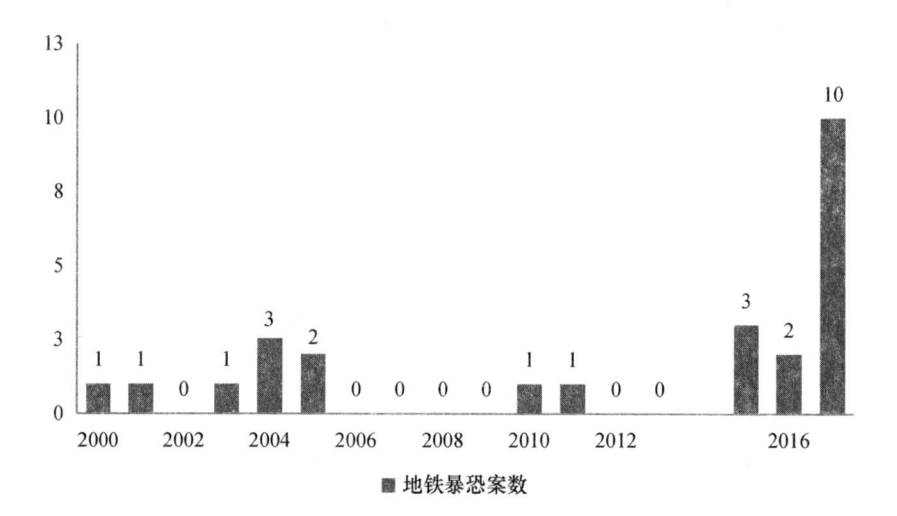

图 6—1 2000—2017 年全球地铁暴恐案

图 6—2 发生地铁暴恐案的城市类型

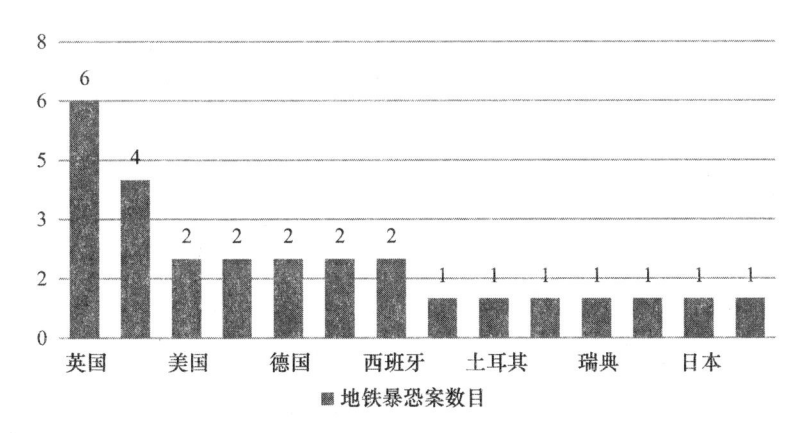

图 6—3 2000—2017 年遭受地铁暴恐案的国家排名

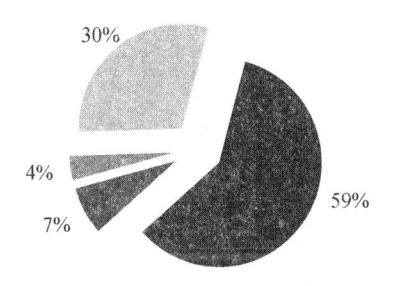

图 6—4 遭受地铁恐袭的国家类别

二、全球地铁暴恐案的主要特点

纵观2000—2017的全球地铁暴恐案件,可以发现恐怖分子对城市地铁系统的攻击特点主要包括如下几个方面。

第一,爆炸是地铁恐袭的重要方式,并存在多点连环攻击的发展趋势。如图6—5所示,从2000年到2017年的25起地铁暴恐案中,其中爆炸14起、纵火2起、毒气1起、持刀砍人2起、驾车冲撞2起、枪击4起。可见,爆炸占所有地铁恐袭案的56%,因此是恐怖分子惯用的恐袭方式。需要注意的是,近年来恐怖分子开始对首都城市地铁进行连环爆炸,以期最大限度造成社会恐慌。例如2010年3月29日的莫斯科卢比扬卡站、文化公园站、和平大街站发生连环爆炸案,不仅造成大量人员伤亡,而且造成了莫斯科市民长期的恐慌心理。2017年4月3日圣彼得堡地铁暴恐案,则发生了在干草广场站、技术学院站的连环爆炸,在起义广场站的爆炸物因被及时发现,得到了妥善处理。多点连环爆炸不仅会造成更大的人员伤亡,同时也会分散市政管理力量,阻塞路上交通,阻碍刑侦人员的调查。

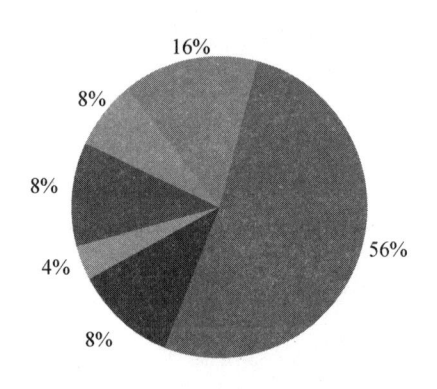

图6—5 全球地铁暴恐案的主要遭袭方式

第六章 互联网时代的都市反恐体系建设

第二，恐怖分子攻击首都地铁系统的政治动机明显。21世纪恐怖分子对首都城市地铁系统发动攻击的动机，多出于政治目的。例如：2004年莫斯科地铁暴恐案发生在总统选举期间；2005年7月7日伦敦地铁暴恐案由"基地"组织策划，以报复英国的反恐政策；2010年3月29日莫斯科连环地铁爆炸案由车臣分裂分子所为；2015年12月5日和2017年9月16日英国伦敦地铁暴恐案由"伊斯兰国"的下属组织策划实施，旨在报复英国对"伊斯兰国"的军事打击；2017年4月3日圣彼得堡地铁暴恐案则由俄罗斯非法激进伊斯兰团体策划实施。

第三，首都地铁暴恐案多发生在核心换乘站，以及地铁—公交、地铁—火车换乘站。恐怖分子倾向于在地铁—火车转运站和地铁换乘核心站等人流量巨大的站点及线路进行暴恐袭击，这能够造成巨大的破坏性，并引发地铁、火车调度系统瘫痪，引起局部性城区拥堵，如斯德哥尔摩地铁恐袭案就发生在地铁与火车站的换乘站。

第四，恐怖分子袭击首都地铁的站点和时间选择具有针对性。由于暴恐袭击的基本动机是政治性，目标是造成社会连锁性恐慌，因此其实施暴恐袭击的地铁站点和时间节点具有三个共性：一是有地标性建筑，如政治中心、金融中心、历史古迹等，例如2017年6月4日，英国伦敦暴恐案就选择了伦敦桥这一地标建筑，法国巴黎地铁暴恐案、土耳其伊斯坦布尔地铁暴恐案就发生在核心商业区。二是有大量人口流动，且精英人群较多。例如"9·11"事件就选择了商务精英云集的世界贸易大厦，随后的地铁袭击案也往往选择商业金融中心等。三是在工作日进行暴恐。例如2000年11月20日杜塞尔多夫地铁暴恐案是周一，2003年2月18日大邱地铁暴恐案是周二，2004年2月6日莫斯科地铁暴恐案是周五晚高峰，2004年3月11日马德里暴恐案是周四，2004年8月31日莫斯科地铁暴恐案是周二，2005年7月7日伦敦地铁暴恐案是周四早高峰，2005年7月21日伦敦地铁暴恐案也是周四，2010年3月29日莫斯科地铁暴恐

| 119 |

案是周一，2011年4月11日明斯克地铁暴恐案是周一，2015年11月13日巴黎地铁暴恐案是周五，2016年3月22日布鲁塞尔暴恐案是周二，2017年4月3日圣彼得堡地铁暴恐案是周一早高峰。可以看出，造成大量人员伤亡的地铁暴恐案，一般都发生在工作日，特别是周一、周四和周五。

三、案例解析：北京市地铁防恐脆弱点

由于北京市地铁系统过于复杂，且本书撰写过程中能够借助的人力资源有限，考虑到城六区地铁网络密集，并在工作日汇集了绝大多数客流，因此，笔者选择工作日到北京市城六区的核心站点进行调研，评估最可能遭到攻击的地铁站点和可能采取的袭击方式。

本书围绕以天安门为核心的首都政治功能区，以国贸—四惠、东单—王府井为核心的首都经济功能区，以海淀黄庄—知春路为核心的首都高教文化功能区，以三元桥—农展馆为核心的使馆区，以北京站、北京西站、北京南站、四惠、动物园、东直门为核心的地铁—公交换乘区进行调研。

（一）北京地铁易遭受恐袭的站点概况

由于国外恐怖分子往往选择既是换乘站，又有地标性建筑，且工作日乘客密集的站点作为袭击对象。这通常分为四类：一是中央政务区，二是中央商务区，三是创新创业园区，四是交通换乘枢纽区。

笔者通过连续50天的多站点早晚高峰实地调研，得出以下结论。第一，客流量较大的中心换乘站是反恐压力最大的站点。第二，恐怖分子最可能发动袭击的时间为周一早高峰或周五晚高峰及节假日。第三，恐怖分子选择袭击的时机把握往往与演唱会明星阵容、体育赛事的规模、节庆假日的传统性有关。第四，毒气和爆炸是恐怖分子最有可能采取的地铁恐袭方式。第五，恐怖分子攻击北京城市的目标，从以首都政治核心区为主的单一重心，逐渐向首都政治

核心+商务核心的双重心发展。

（二）北京地铁反恐工作存在的问题

笔者对北京市各个地铁线路的换乘站点的站台、安全通道、出入口客流量、消防设施、安检人力资源与设备资源等进行了详细的实地调研，同时在城六区发放了7000份调查问卷，回收有效问卷5696份。通过对调查问卷进行分析，再加上笔者研究团队的实地观察，我们发现北京地铁反恐措施存在一些问题，地铁乘客也对北京市地铁营运存在一定的安全忧虑。具体表现为以下四个方面。

首先，地铁成为北京市民最重要的交通工具，但地铁在工作日早晚高峰期间的安全隐患最大。如表6—6所示，选择地铁出行的市民占比43%，其中使用频率每周5—10次的最多，占比38.43%。65岁以上的老年人最常用的交通工具为公共汽车，原因是免费且路途较近，乘坐地铁的频率为每周少于2次。上班族则首选地铁出行，原因是地铁较为准时，乘坐地铁频率为每周5—10次。但受访者普遍认为工作日早晚高峰期间，候车人群过度拥挤，是地铁站最易遭受恐袭的时间段，容易发生由于恐慌所导致的踩踏事件。

表6—6 北京地铁乘客交通频率统计表

每周使用地铁次数	频率数	占比
小于2次	483	8.4%
2—5次	1640	28.8%
5—10次	2189	38.4%
10次以上	1384	24.4%

笔者自制。

其次，北京地铁安保人力资源分配不均。日常只有个别站点常年有武警、特警巡逻，部分人员密集站点的站内安保人员较为匮乏。除了早晚高峰期间有志愿者辅助疏导乘车秩序之外，非高峰期的地铁站台属于自助安全状态。虽然从2017年起，北京地铁和公交车都配备了乘务管理员，但这些管理员的服务站点并非线路全程。如表6—7所示，乘客对认为乘坐地铁较为安全及以上的比例为78.7%，但仍有约1/5的乘客认为地铁存在不安全隐患。

表6—7 地铁乘客对地铁安全的认知度统计表

地铁乘客安全感认知度	数目	占比
非常安全	1678	29.4%
比较安全	2811	49.3%
不太安全	879	15.4%
很不安全	328	5.9%

笔者自制。

再次，北京地铁安检设施存在站际差异，防爆设备不完备，"人物同检"尚未完全实现。目前，北京地铁的各个站点进站口都有了X光行李安检机，但普通站点、特别是远郊区县的地铁站则缺乏金属探测门。需要说明的是：有25.6%的乘客认为地铁安检低效且不愿意接受安检，表明乘客、尤其是年轻乘客对地铁安检的重要性认识不足（见表6—8）。

表6—8 北京地铁乘客对安检工作的态度

乘客对地铁安检的态度	数目	占比
必要且有效	1202	21.1%
有一定效果，但是无法检查是否随身携带危险物品	2079	36.4%
可有可无，只是起到心理安慰作用	963	16.9%
效果低下，不愿接受安检	1452	25.6%

笔者自制。

最后,地铁反恐宣传力度不够。笔者发现,北京地铁各个站点很少张贴地铁反恐宣传画,地铁车厢内的电视屏也没有播放地铁反恐及乘客逃生自救的信息。地铁反恐宣传的力度不足,难以培育市民应对突发性恐怖袭击的知识储备和认知调适。

四、北京市地铁防恐能力的提升路径

恐怖主义组织结合互联网兴风作浪对首都城市基础设施安保体系提出了新的考验。根据北京市地铁系统的空间布局,以及国外地铁暴恐案的基本特征,本书依据对地铁乘客的调查问卷分析,认为从以下五个方面着手,能够提升北京地铁反恐能力,维护首都安宁。

一是全面实现人、物同检,完善车厢—车站反恐措施。(1)在各个车站安装检测门和液体检测仪,配备防爆毯、防暴叉、防爆球等,尤其是增强对毒剂、毒物的安检力度。为监控摄像头涂成红色或其他警戒色,合理布局摄像头,消除监控盲区,实现民警和辅警常态化巡逻。(2)在火车站与地铁站对接区域,应在进站口划设反恐警戒区,区域内配置反恐车辆、岗哨、特警、警犬、防爆器材等,增大对恐怖分子的威慑力。例如长沙市火车南站与地铁交汇处,就设置了反恐岗哨。(3)在车厢内部增设巡逻警员,并可携带警犬,例如长沙市地铁2号线已经实现一车一警一犬的常态化巡逻。

二是加强地铁反恐演习,及时修正地铁系统反恐应急预案指南,做到一站一预案,高危换乘站实现一站多预案。(1)地铁营运单位应与公安、消防、医院等部门进行定期的反恐演习。(2)加大对地铁志愿者、地铁乘务管理员的反恐知识培训与处理突发性事件的能力培训。(3)在大型庆典、传统节假日、国家会议召开之前,举办有针对性的警民联合反恐演习。

三是加强地铁反恐的公共宣传。政府应加大向群众对可能发生的恐怖主义安全问题做科学的宣传，避免民众对危机来临的过度紧张和为此引起不必要的心理恐慌。（1）在每个地铁站点进出站口显著位置，张贴反恐宣传面板，在核心站点免费发放反恐科普宣传册和音像制品。（2）在地铁车厢内通过视频、广播等方式宣传反恐、自救知识，并公布线索举报电话热线和微信公众号。（3）将地铁反恐知识与社区安保宣传工作结合起来，通过大众传媒开展普及性反恐宣传教育，加大群众对地铁暴恐问题的重视度，鼓励市民向北京市应急办和相关部门提供涉恐线索，在高危站点所在社区，应通过常态化宣传提升市民在紧急避难、爆炸物辨识、可疑人员及现象举报等方面互救自救的能力。

四是加强地铁站点的安全风险排查。（1）对车站内的垃圾桶、卫生间、保洁间、结构性死角进行监控管理。（2）对地铁通风系统进行检修，对通风口进行物理隔绝。（3）在换乘车站建设庇护点数据库。（4）在地铁排放口安装滤毒装置。[1]

五是加强反恐领域的城际合作应对机制。北京市政府、地铁营运部门急需建立高效、及时、敏捷的危机紧急处理机制，设立处理紧急事务的专业管理机构，加强危机来临前或发生后的应急演练。对于反恐防恐问题，京津冀地区有必要采取地区性的集体行动，建立京津冀轨道交通合作反恐机制来共同应对恐怖主义的威胁。

综上所述，由于针对地铁的恐怖主义袭击具有不确定性和现实危害性，尤其是"孤狼"式袭击成为城市暴恐案的重要特征，因此城市地铁反恐面临特殊的难题。北京市正处在建立和谐宜居都市的重要阶段，首都反恐刻不容缓。随着北京市地铁管理部门对反恐安保体系的高度关注，北京市公共轨道交通危机管理机制也在不断完

---

[1] 耿民、王小平："恐怖袭击下地铁反防恐研究概况"，《城市轨道交通研究》，2008年第11期，第6—11页。

善。笔者将继续跟踪研究北京地铁反恐体系建设，并逐渐扩展到首都公共交通安保体系的各个领域，为建设"平安北京"贡献自己的力量。

第三节 案例研究："欧洲反恐怖主义中心"的智能反恐系统构建[①]

欧洲各国频繁发生的恐怖主义袭击案件表明，恐怖组织的意图和能力发生显著变化，其互联网化与高科技化能力显现。在这一背景下，构建统一的智能反恐中心显得迫在眉睫。2016年1月1日正式成立并开始运作的"欧洲反恐怖主义中心"（European Counter Terrorism Centre, ECTC）就是一个应时而生的智能反恐平台。笔者在研究该中心的反恐报告和反恐实例的基础上，对其智能反恐的工作要点与战略规划进行分析。

一、欧洲智能反恐的背景

通过对欧洲多起恐怖主义袭击案件的追踪分析，我们不难发现恐怖主义组织的运作过程呈现网络化与高科技化趋势。这具体表现在如下三个领域：一是恐怖组织的网络攻击呈现高科技化趋势；二是恐怖组织的网络宣传招募呈现多样化现象；三是恐怖组织的通信联系网络呈现隐秘化取向。

第一，恐怖分子使用恶意软件入侵政府机构、新闻媒体的计算机系统或移动设备，窃取有价值的信息或损坏数据。活跃在欧洲的

[①] 本节由笔者研究团队核心成员柳思思教授所做，发表于《社会科学》2019年第5期，第3—9页，题目为《"欧洲反恐怖主义中心"的智能反恐系统构建》，有删改。

恐怖分子使用多种恶意软件。①"僵尸网络"是指挥和控制被感染的计算机发送垃圾邮件的软件。根病毒是一组程序，它能使攻击者伪装成为系统管理员，从而允许攻击者获得对该计算机和位于同一网络上的其他计算机的访问与修改权限。活跃在欧洲的恐怖组织通过使用该病毒程序，成功篡改官方媒体网站的标题，将其替换成恐怖组织的宣传口号。恐怖组织的黑客利用糯虫病毒在无需指导的情况下就能不断复制的原理，不断扩大感染的范围，还灵活使用假冒的防病毒软件、恶意广告软件、远程木马病毒等，来进行间谍活动以及执行"分布式拒绝服务攻击"（Distributed Denial of Service, DDoS）。"分布式拒绝服务攻击"是指多个计算机的联合攻击方式，它能加倍扩展攻击的范围和效力。恐怖分子利用该种攻击方式，在几秒之内就能对目标网络发起几千次攻击。

第二，恐怖组织建立社交媒体账号、发布多语种电子期刊，进行网络宣传与招募。根据推特的数据显示，恐怖组织的社交媒体账号达到4.6万个以上。②"伊斯兰国"的电子刊物使用了阿拉伯语、英语、法语、德语、俄语等多国语言，采用了"怀旧式""宗教式""情感式"叙事结构。恐怖分子打着"知识宣传与共享"的旗号，使用互联网进行宣传招募与指挥行动。

第三，恐怖组织借助"暗网"，进行通信交流。③"暗网"也称作"隐藏的服务器"，是指那些存储在网络数据里、不能通过公开搜

---

① Europol, "Cybercrime, Internet Organised Crime Threat Assessment," Europol, 资料取自2018年6月11日, https://www.europol.europa.eu/crime-areas-and-trends/crime-areas/cybercrime。

② J. M. Berger, Jonathon Morgan, "The ISIS Twitter census: Defining and describing the population of ISIS supporters on Twitter," *Brookings*, March 5, 2015, 资料取自2018年6月12日, https://www.brookings.edu/research/the-isis-twitter-census-defining-and-describing-the-population-of-isis-supporters-on-twitter/。

③ David Gilbert, "ISIS Moves To The Dark Web To Spread Its Message And Avoid Detection," International Business Times, November19, 2015, 资料取自2018年6月13日, http://www.ibtimes.com/isis-moves-dark-web-spread-its-message-avoid-detection-2191593。

索引擎检索到的网页。"暗网"结合全程加密传输,具有独立的域名解析机制。它通过动态网页访问,即使被拦截了也难以被正确解析其内容。恐怖组织就是利用"暗网"的隐秘性与匿名性,躲避了政府的监控,进行线上沟通与交易,在实施恐怖袭击中传递信息,并在欧盟较为严格的枪支管制政策下也能如愿购买到枪支。

二、"欧洲反恐怖主义中心"的成立与信息整合、宣传

如前所述,基于恐怖组织的新变化,智能反恐中心的构建至关重要。人工智能（Artificial Intelligence）的研究由来已久。根据约翰·麦卡锡（John McCarthy）与帕特里克·海因斯（Patrick Hayes）的定义,我们判定某种人工研制的系统、机器、程序是否为智能的,主要依据在于它能否模仿、扩充、延伸人类的智力和能力。[1] "欧洲反恐怖主义中心"就是一个智能反恐枢纽,其现阶段的工作取得了丰硕成果（如图6—6所示）：一是借助人工智能与大数据技术,构建成员国共同反恐的数据平台,发挥信息共享中心的作用,并协调各国反恐行动;[2] 二是通过对恐怖分子的金融追踪,搜集恐怖组织的融资情报并推动在各国间共享情报；三是应成员国的要求,调查恐怖主义案件并提供救助等各项支持；四是上传恐怖分子作案手段、袭击工具、筹资渠道、演变趋势的数据包,为各国提供反恐政策建议与战略支持；五是以欧洲集体代表的身份,处理外籍恐怖主义者；六是打造高效率的互联网转诊部门（Internet Referral Unit-IRU）。该部门的职责是在不同的社交媒体网站上寻找有恐怖主义嫌疑的发帖者,然后直接向这些社交媒体网站发布通告,要求其撤下帖子且追踪网络发帖者。

---

[1] John McCarthy, Patrick Hayes, "Some philosophical problems from the standpoint of artificial intelligence," *Readings in Artificial Intelligence*, Vol. 4, No. 4, 1981, p. 431.

[2] Europol Analysis System, "Intelligence Analysis," *Europol*, 资料取自2018年6月15日, https://www.europol.europa.eu/activities-services/services-support/intelligence-analysis。

◇ 互联网时代的都市反恐

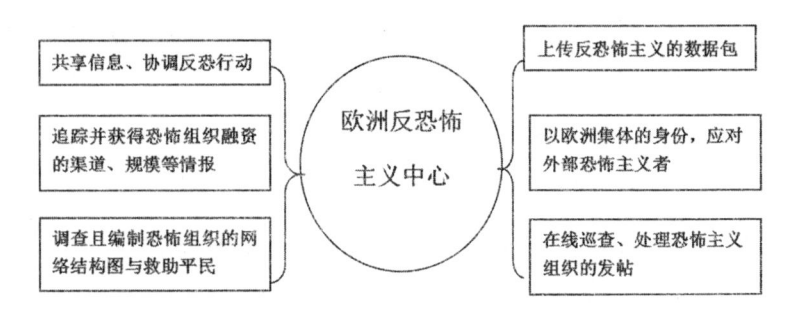

图6—6 "欧洲反恐怖主义中心"的智能信息整合与宣传

注：本图由笔者绘制，数据来源：https://www.europol.europa.eu/about-europol/european-counter-terrorism-centre-ectc。

"欧洲反恐怖主义中心"是建立在欧洲刑警组织（The European Union Agency for Law Enforcement Cooperation, formerly known as the European Police Office-Europol）的既有基础和网络之上的，是隶属于后者的一个新机构。欧洲刑警组织的总部设在荷兰海牙，是欧盟的执法机构，负责协调28个[①]成员国打击国际犯罪和恐怖主义的工作，在处理恐怖主义袭击案方面发挥了重要作用。例如，在巴黎恐怖袭击案发生后，欧洲刑警组织成立了特别工作小组，派出60名工作人员协助法国和比利时开展反恐调查。从2016年至2017年，欧洲刑警组织在这两个国家搜集了19万亿字节（Trillionbyte）的信息、2500个安全信息交换网络应用、1247个恐怖分子的金融追踪计划的线索和60个可疑旅客姓名记录。[②]

在欧洲刑警组织的原有网络构造基础上，"欧洲反恐怖主义中心"的智能化又有所创新，建立了更加完备的大数据系统与情报共

---

① 28国包括英国。英国此时仍是欧盟成员。

② European Counter Terrorism Centre-ECTC, "A central hub of expertise working to provide an effective response toterrorism," *Europol*, 资料取自2018年6月16日，https://www.europol.europa.eu/about-europol/european-counter-terrorism-centre-ectc。

享平台。它的主要任务之一是为成员国提供大数据支持，具备数据交叉检测系统，能迅速将各国数据搜索整合，并利用计算机智能分析所有可用的细节，编制恐怖组织的跨国网络运作结构图。在发生重大恐怖主义案件之后，它可以协调各国反恐行动甚至主导联合反恐。"欧洲反恐怖主义中心"的工作提升了欧洲各国的集体反恐能力，它能协调成员国之间的反恐合作，并有效搜集处理恐怖组织情报。

随着恐怖主义与网络犯罪、移民走私的交织，"欧洲反恐怖主义中心"与"欧洲网络犯罪中心"（European Cybercrime Centre, EC3）、"欧洲移民走私中心"（European Migrant Smuggling Centre, EMSC）开展深入合作。自"欧洲反恐怖主义中心"成立以来，采取了多项措施制止恐怖组织的互联网扩张，取得了可观成果。迄今为止，该中心向互联网服务提供商举报的内容中有83%已被删除，另外的17%也即将被删除。① 2016年7月，该中心成立了"在线反恐怖主义宣传的专家组"，并于2017年4月举办了"首届在线反恐怖主义宣传大会"，发布了《吉哈德之狼的威胁》《推特对达比克（"伊斯兰国"电子刊物）第15期的回复》《从"基地"组织和"伊斯兰国"的网络杂志出发，探索教学材料的作用》《解构"伊斯兰国"宣传中的身份概念》《用计算机支持来分析"伊斯兰国"的宣传活动》等研究报告。②

三、"欧洲反恐怖主义中心"的智能数据采集与识别监督

"欧洲反恐怖主义中心"除了在上述智能信息共享与宣传领域取

---

① Europol's European Counter Terrorism Centre, "Europol hosts Conference on Online Terrorist Propaganda," *Europol*, 资料取自2018年6月17日, https://www.europol.europa.eu/newsroom/news/europol-hosts-conference-online-terrorist-propaganda。

② Europol's European Counter Terrorism Centre, "Europol hosts Conference on Online Terrorist Propaganda," *Europol*, 资料取自2018年6月18日, https://www.europol.europa.eu/newsroom/news/europol-hosts-conference-online-terrorist-propaganda。

◇　互联网时代的都市反恐

得成效之外，还在努力推动智能数据采集与识别监督的研发与应用。数据的智能采集主要是构建基于"机器视觉"（Machine Vision）的反恐系统，用于采集恐怖组织的图片、文本、视频等数据材料。"机器视觉"是指计算机模仿人类视觉与思维，采集图像与文本，并将其转化为数据的过程。它最终提取的数据可以是一个简单的"好"/"坏"、"威胁"/"非威胁"的信号，或者是更复杂的一组数据，例如图像显示的特征、位置、人的微表情等信息。"机器视觉"的智能反恐，就是自动检测恐怖分子的图片与信息，智能筛选恐怖分子的头像与常用语句，自动分析无人机拍摄的安全监控视频等。

（一）反恐数据的智能采集

智能数据采集首先需要明确检测需求（如恐怖分子）和项目细节（恐怖分子的体貌特征、穿着偏好、常用话语习惯等），然后进行采集，最后将结果上传到云端。在智能反恐系统中，数据采集系统的组件通常包括计算机、处理器、检测软件、输出设备等。在"欧洲反恐怖主义中心"的智能反恐系统中，其数据采集的操作过程一般包括如下几个步骤：（1）开发相关软件以及各种应用程序，确定恐怖分子的指标系统；（2）使用网络截图、网络检索工具，线上采集涉恐图像与文本；（3）使用数字图像与文本的智能处理技术，进行可疑图像、文本、视频的智能处理；（4）将图像与文本通过程序转化为所需的数据信息；（5）将可疑数据信息上传到云端。

"欧洲反恐怖主义中心"在获取恐怖分子图像后，会利用计算机进行智能处理。它的图像处理过程首先是检查处理工具，比如确定或修改图像过滤器；其次是从互联网上检索图像。图像处理有"过滤""连接""阈值设置""像素计数""分割""边缘检测""颜色辨别"等。"过滤"是将普通人的共有特征编辑成数据输入系统，以帮助从海量图片中过滤掉普通人的图片。"连接"是将不同时期拍摄到的同一位恐怖分子的图片自动串联，统计该恐怖分子的活动地点与轨迹。"阈值设置"用于凸显图像的某个部分，当该部分的数据突破该阈值，比如蒙面战士、枪支、地上的弹药、刺刀的数量过多，则该部分图像自动转化为红色或通过光圈重点提示。"像素计数"是计算图像中亮或暗像素的数量。"分割"是将恐怖分子图像切分成多个细分部分，如持枪图片放大后显示的枪支型号等，以简化或改变图像的表示形式，使之更加易于分析追踪。"边缘检测"是自动查找恐怖分子的边缘，把恐怖分子从复杂的周边背景中突显出来。"颜色辨别"是使用色彩软件来采集恐怖分子的着装习惯与特点，以便迅速锁定恐怖分子。

在"欧洲反恐怖主义中心"的数据采集与处理中，开始尝试使用3D技术来有效帮助打击恐怖主义。尽管常规2D成像技术在目前欧洲反恐怖主义机构的数据采集中最为常用，但近年来3D成像、多光谱成像、各种红外波段成像、X射线成像等新技术如何适用于反恐机构也成为讨论的热点。英国谢菲尔德哈勒姆大学研究中心是推动3D技术应用于反恐机构的专业智库。[①] 3D技术的反恐怖主义应用是基于三维扫描的原理，利用成像过程中拍摄仪器的运动，通过多个摄像头将激光投射到恐怖分子的表面并从不同的角度进行测量，最终组合生成深度立体图。

"欧洲反恐怖主义中心"将3D成像技术应用于智能反恐的方法包括如下几种：一是立体视觉，使用两只及以上的相机，安排在恐怖主义高发地的不同监控视角处，采用校准技术来统一这些相机的像素，并提取恐怖主义活动的细节信息。这一原理模拟了人类双目立体视觉系统。二是激光三角测量，将激光投射到恐怖分子或涉及恐怖主义的嫌疑人身上，通过相机采集图像并测量激光束的位移来生成外表轮廓，沿多个表面进行激光和相机扫描，最终生成恐怖分

---

① Marcos A Rodrigues, Alan Robinson, "Fast 3D recognition for forensics and counter-terrorism applications," in Akhgar Babak and Yates Simeon (eds.) *Intelligence management: knowledge driven frameworks for combating terrorism and organized crime*, London: Springer-Verlag, p. 95.

子的 3D 图像。该方法模拟了人类大脑对恐怖分子直观印象的形成过程，便于从现实人群中快速辨别恐怖分子。三是投射光，将光图像投射到恐怖分子的盘踞窝点上，然后根据图像在该地点的变形情况来计算该地点的深度信息。此项技术模仿了人类大脑的深度观测需要，便于在反恐行动前进行深处情景的现场呈现，达到身临其境的效果。四是激光雷达，即测量激光反射并生成 3D 轮廓，以绘制出目标勘测区域（剧院广场等人流密集地、城市交通设施的安全监控地、恐怖分子盘踞窝点）的表面特征。五是智能传感器，把反恐监控的图像传感器与光源设置为同步，根据反射回传感器与光脉冲发射之间的时间差来计算远处恐怖分子与拍摄者之间的距离。

（二）智能识别检测

智能识别包括智能查找和匹配。"欧洲反恐怖主义中心"在对恐怖分子图像、文本的查找过程中，可能出现由于相机倒置造成恐怖分子的图像旋转，恐怖分子图像被其他干扰性图像覆盖，拍摄的恐怖分子图像尺寸大小、角度出现变化等现象，这就体现了智能识别的意义。智能识别的结果是把对象值与目标值进行比较以获得"匹配/不匹配"的检测结果。例如，"欧洲反恐怖主义中心"通过图像验证，将采集到的恐怖分子影像与存储的犯罪分子数据库影像进行比较，把恐怖分子嫌疑人话语（如"圣战"—"Jihad"、"圣战战士"—"Jihadist"等）与普通公众的话语进行对比，将采集到的图片、文字与云端存储的图片、文字进行比较。智能匹配一旦成立，就会自动触发警报机制，提醒反恐部队给予高度重视。

"欧洲反恐怖主义中心"正在努力构建政府网站的智能反恐防火墙。智能防火墙是一种安全保障，通常在受信任的内部网络和不受信任的外部网络之间建立阻碍，根据预先确定的安全规则来监视和控制传入和传出的网络通信总量。① 政府的智能防火墙包括互联网防火墙和主机防火墙。互联网防火墙位于局域网、广域网和内联网的网关计算机上，通常是运行在通用硬件上的软件，能保护内部网络并提供服务，例如充当 DHCP 或 VPN 服务器。② 主机防火墙控制内部众多机器之间的信息传播，监管内部众多计算机，同时可以发挥操作系统或代理应用程序的功能。智能防火墙的操作级别也有所不同，具备高、中、低三个等级，其等级变化取决于面临的互联网威胁严重程度、拦截位置距离、网络状态好坏。

"欧洲反恐怖主义中心"正在研究如何对恐怖主义嫌疑人进行微表情检测，并计划将其作为甄别恐怖分子的辅助工具。微表情检测是谎言检测的一种，其目标是揭示故意欺骗。③ 恐怖主义嫌疑人在面对提问时，即使能比较成功地掩饰自身的主要情绪反应，但难免泄露某些微表情。"微表情通常只会持续 0.5—1 秒，可以用高速摄像头捕捉该表情并以较慢的速度重播"。④ 这些嫌疑人的微表情反应与普通面部表情不同，因为嫌疑人很难意识到做出该表情，所以更有真实性。这些微表情通过面部肌肉编码，表达了 11 种较为常见的情绪：快乐、悲伤、厌恶、蔑视、焦虑、愤怒、恐惧、惊奇、尴尬、内疚、自豪。

微表情检测还可以提示某些嫌疑人正在展现虚假表情。比如他们在表达恐惧或悲伤时没有明确的前额波动（额头紧皱）；在表达幸

---

① Boudriga Noureddine, *Security of mobile communications*, Boca Raton: CRC Press, 2010, pp. 32-33.

② "Firewall as a DHCP Server and Client", *Palo Alto Networks*, 资料取自 2018 年 6 月 19 日, https://www.paloaltonetworks.com/documentation/col.

③ Armindo Freitas-Magalhães, "Microexpression and macroexpression," In V. S. Ramachandran (eds.), *Encyclopedia of Human Behavior*, Oxford: Elsevier/Academic Press, 2012, p. 173.

④ Senya Polikovsky, Koshida Kashi, Yuichi Ohta, "Facial micro-expressions recognition using high speed camera and 3D-gradient descriptor," January 2010, 资料取自 2018 年 6 月 22 日, https://www.researchgate.net/publication/224160151_Facial_microexpressions_recognition_using_high_speed_camera_and_3D-gradient_descriptor。

福时眼睛周围没有纹理、眼部肌肉没有变化；在表达强烈的积极或消极情绪时，没有伴随交感神经的躯体反应。微表情对谎言的检测准确率从68%到73%不等。①根据阿明多·弗赖塔斯·马格尔哈斯（Armindo Freitas Magalhães）2018年研制的"面部表情编码系统3.0"（Facial Action Coding System 3.0）显示，微表情检测系统经升级后投入应用将指日可待。②

此外，"欧洲反恐怖主义中心"提示并计划协助成员国首都、大城市公共交通安检中使用智能识别。虹膜识别是一种典型的智能辨别方法，在个体眼睛的1个或2个虹膜的视频图像上使用数学模式鉴别技术，以具有近红外照明的摄像技术来获取细节丰富、结构复杂、独一无二的虹膜图像。鉴于人体眼部的虹膜自胎儿发育完成之后就基本不变，安检人员可采用虹膜识别，检查进入者的虹膜与数据库中虹膜的相似点，轻松辨别伪装成为普通人的恐怖分子。

欧洲各国首都与大城市的公共交通安检中一旦全面配备虹膜智能识别工具，将带来四大益处。一是安全性。虹膜识别与纸质护照、身份证相较，更加安全且不易仿冒。二是稳定性。虹膜与随着年龄增长不断变化的人脸，伴随体力劳动不断模糊的掌纹、指纹相比，更加稳定。三是独特性。即使遗传上相同的个体，比如父母与孩子，以及同一个体的左右眼，都具有完全独立的虹膜纹理。四是可操作性。虹膜识别与拍摄照片相似，可以在10厘米至数米之外进行。被检测的人不需要触摸被陌生人触摸过的任何设备，从而消除了指纹识别中必须接触指纹扫描仪表面的顾虑。③ 随着人工智能的发展，虹

---

① Gemma Warren, Elizabeth Schertler, Peter Bull, "Detecting Deception from Emotional and Unemotional Cues," *Journal of Nonverbal Behavior*, Vol. 33, No. 1, 2009, p. 59.

② Armindo Freitas-Magalhães, *Facial Action Coding System 3.0: Manual of Scientific Codification of the Human Face*, Porto: FEELab Science Books, 2018, p. 1.

③ Zetter, Kim, "Reverse-Engineered Irises Look So Real, They Fool Eye-Scanners," *Wired Magazine*, July 25 2012, 资料取自2018年6月22日, https://www.wired.com/2012/07/reverse-engineering-iris-scans/.

膜识别在安检中所需的时间越来越短。以往的虹膜识别工具的扫描范围通常在几米以内，而欧洲研究生物识别的学术机构正在开发称之为"远距离虹膜"或"移动虹膜"的新产品，识别10米距离之外的、不断行走的人。①

四、"欧洲反恐怖主义中心"的智能决策与模拟应用

"欧洲反恐怖主义中心"计划近年内在智能决策与模拟应用领域取得突破。智能决策系统包括专家系统与智能决策支持系统。专家系统是模拟人类专家决策过程的计算机系统，旨在通过智能推理过程来解决复杂问题。这一智能推理过程主要遵循"如果—那么"（If-Then）的规则，而不是通过传统的程序代码来表示。

（一）智能决策系统

智能决策系统的典型代表是专家系统。专家系统分为两个子系统：知识库和推理引擎。② 知识库代表事实。在反恐应用中，这些事实主要表现为恐怖分子的事实特征、习惯盘踞点、恐怖组织的内部组成，使用了面向对象（Object Oriented）的编程模式，将恐怖主义群体分为类、子类。推理引擎是一个自动推理系统，用于评估恐怖主义知识库的当前状态，并推断新的现实案例。推理引擎具备解释功能，以便通过追溯规则背后的事实，来解释用于达到特定结论的推理链条。"欧洲反恐怖主义中心"计划开发的推理引擎主要有两种模式：正向推理和反向推理。正向推理是从原因开始使

---

① Martin, Zach, "Biometric Trends: Will emerging modalities and mobile applications bring mass adoption?" *SecureIDNews*, March 3, 2011, 资料取自 2018 年 6 月 22 日, https://www.secureidnews.com/news-item/*biometric-trends-will-emerging-modalities-and-mobile-applications-bring-mass-adoption/?tag=Law_Enforcement。

② Jackson Peter, "Introduction To Expert Systems (3 ed.)", *Addison Wesley*, 1998, 资料取自 2018 年 6 月 22 日, https://www.abebooks.com/Introduction-Expert-Systems-3rd-Edition-Peter/11789182877/bd。

用推理引擎,直至达到预计结果。① 即根据"如果—那么"规则,找到"如果",就可以推断接下来会有"那么"。反向推理可以解读为从结果开始反向推理原因。② 即使用推理引擎搜索"那么",反向推导到"如果"。

在人工智能的反恐应用中,专家系统的优点在于如下两点:一是易于操作。传统的计算机程序,其规则是嵌入在代码中的,通常只能由计算机领域的专业人士才能进行使用。而基于人工智能的专家系统,形式十分直观,易于操作,反恐机构的非计算机专业人员也可以便捷使用。二是易于维护。专家系统规避了传统代码编写过程中的繁琐要求,维护过程较为简单。从操作步骤上讲,如果"欧洲反恐怖主义中心"需要根据恐怖主义事实变化进行局部修订,只需调整推理引擎即可。

专家系统的智能应用程序划分为8个类别,分别是:"解释""预测""诊断""设计""监控""调试""修订""指挥"。"欧洲反恐怖主义中心"规划将专家系统应用到反恐行动中,解释基于传感器数据的推理情况,预测可能发生的恐怖主义袭击地点及其后果,诊断反恐设备的可能故障,设计反恐怖主义的行动步骤,监控观察恐怖主义的高发地、人流密集地,调试反恐怖主义的方案,修订原反恐规则的不足,指挥反恐怖主义行动。

智能决策支持系统是上述专家系统的升级,结合了最新的人工智能技术。③ "欧洲反恐怖主义中心"计划把人工智能技术嵌入到反恐行动的智能决策支持系统中,使该技术能够尽可能地模拟甚至超

---

① Kaczor Krzystof; Szymon Bobek, Grgegorz J. Nalepa, *Overview of Expert System Shells*, Poland: Institute of Automatics: AGH University of Science and Technology, December 5, 2010, 资料取自 2018 年 6 月 22 日,http://geist.agh.edu.pl/doku.php。

② Michel Chein, Marie-Laure Mugnier, *Graph-based knowledge representation: computational foundations of conceptual graphs*, Springer, 2009, p. 297.

③ Daniel Powerower, "A Brief History of Decision Support Systems," *Dssresources*, March 10, 2007, 资料取自 2018 年 6 月 23 日,http://dssresources.com/history/dsshistory.html。

越人类专家的思考过程，自动生成反恐怖主义的行动方案并供反恐部队参考。智能决策支持系统应该像人类反恐专家一样行事：收集和分析数据，识别和诊断问题，进行自动推理，提出可能的行动方案并评估这些方案，最后做出决策。在理想情况下，该智能决策支持系统通常将反恐知识与逻辑推理结合起来，能够自动提出或修改决策方案，其决策准确性可以媲美、甚至超越于人类反恐专家。

（二）智能模拟应用

智能模拟应用决定了现代反恐战争的未来走向。在反恐战争中使用机器人虽然传统上是科幻小说的主题，但它正在被作为未来反恐怖主义、降低军队伤亡率的有效手段。智能模拟应用就是研发反恐机器人战士、反恐无人机、反恐无人汽车等。反恐机器人战士的项目包括遥控移动机器人与自动机器人，从反恐行动后勤补给的物资运输到反恐过程中的搜救和攻击，这一项目有广阔的应用前景。"欧洲反恐怖主义中心"计划与成员国共同研发一款配备多台摄像头、雷达和枪支的多功能机器人。该机器人可自动在政府设施周围进行随机或预编程的巡逻与保卫，当检测到未经授权的拔枪行为时，会及时把紧急情况拍摄成图像传回总部，提醒人类监督员，并接受远程控制来处理拔枪者。

"欧洲反恐怖主义中心"与成员国的国防部门计划共同研发与部署越来越多的反恐无人战斗机和轰炸机。反恐无人战斗机和轰炸机，突破了人类飞行员必须面对的高空重力加速度极限的限制，在摧毁恐怖分子盘踞点、实施对恐怖分子的打击方面确实前景可观。正如肯尼斯·罗斯（Kenneth Rose）所说："它们不会感到疲倦，也不会与朋友交谈，不会受个体情绪和道德因素左右，永远无所畏惧。"[1]

反恐无人汽车尤其适用于环境危险、条件恶劣、无人机不方便

---

[1] Kenneth Rose, "Robot soldiers," *BBC News*, April 12, 2002，资料取自 2018 年 6 月 22 日，http://news.bbc.co.uk/cbbcnews/hi/teachers/citizenship_11_14/subject_areas/scientific_development/newsid_1923000/1923299.stm。

◇ 互联网时代的都市反恐

巡逻的区域。在反恐巡逻中，无人汽车通常使用一组或多组传感器来观察环境，将周边环境信息传递给远处的遥控指挥人员，它还计划配备激光、超声波测距仪、红外技术、控制系统、指导界面、通信链路、系统集成设备等。在反恐行动中，无人汽车有广阔的应用空间。如减少军人和警察的伤亡，替代人类处理恐怖分子携带或邮寄的爆炸物，追查人类不易发觉的恐怖分子聚居窝点，监视恐怖袭击高发地的安保情况，在恐怖袭击后寻找幸存者等。

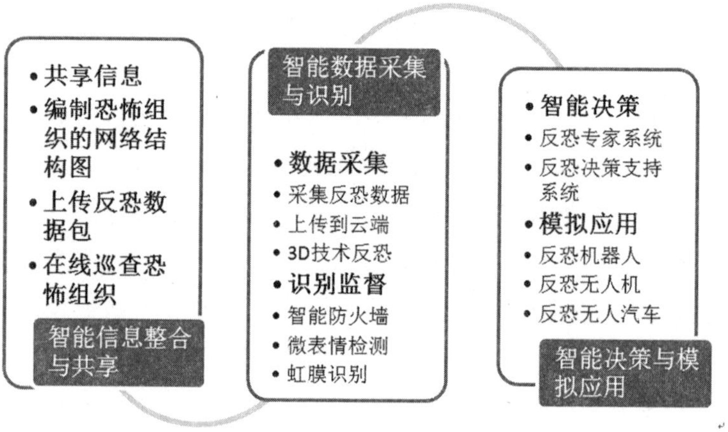

智能信息整合与共享
- 共享信息
- 编制恐怖组织的网络结构图
- 上传反恐数据包
- 在线巡查恐怖组织

智能数据采集与识别
- 数据采集
  - 采集反恐数据
  - 上传到云端
  - 3D技术反恐
- 识别监督
  - 智能防火墙
  - 微表情检测
  - 虹膜识别

智能决策与模拟应用
- 智能决策
  - 反恐专家系统
  - 反恐决策支持系统
- 模拟应用
  - 反恐机器人
  - 反恐无人机
  - 反恐无人汽车

图6—7 智能反恐系统示意图

本图由笔者绘制。

"欧洲反恐怖主义中心"跨越多国家、多部门的信息鸿沟，构建一体化的智能反恐平台，促进成员国在安全领域的信息共享，实现危机事件中的快速反应与灵活应对。如图6—7所示，"欧洲反恐怖主义中心"的智能反恐系统包括智能信息整合与宣传、智能数据采集与识别检测、智能决策与模拟应用三个层面。前两个层面是已取得的成效和正在建设的要点，第三个层面是战略规划方向。

尽管前述"欧洲反恐怖主义中心"在智能反恐领域踌躇满志，但该系统最终能否达到预期目标并普及应用仍面临如下两点阻碍。

首先，智能反恐对经费投入有较大的需求，需要欧盟与成员国的大力支持。欧盟正在计划节省开支且成员国经济实力差距较大，而智能监督识别系统中的虹膜扫描仪、智能反恐决策支持系统、反恐机器人、反恐无人机等通常造价较高，在预算有限的情况下较难推广。其次，智能反恐对硬件、软件、人力的智能水平也有较为严格的要求。为了能让计算机进行智能处理，拍摄的图像需要具有足够的纹理，这就对拍摄装置提出了像素与清晰度的要求。智能反恐的3D图像处理也需要专业技术，要测算被检测的人物、事物表面的3D坐标点（X，Y，Z）等，这对相关领域的人才提出了技术要求。

智能反恐系统的构建关系到欧洲各国的长远安全。他山之石可以攻玉，笔者通过分析"欧洲反恐怖主义中心"智能反恐系统的构建路径与规划，以期深化国内学界对人工智能应用于反恐领域的认知，并为将来构建中国的智能反恐、防恐系统拓展思路。

第四节 都市"智慧反恐"策略体系构建

恐怖主义是一种严重的犯罪，理应在城市犯罪预防体系的框架下研究首都反恐问题。通过对其他大国首都反恐安保的实践经验可以看出，被动应对或者说"后发制人"型的反恐策略，往往反映出当今各国首都城市安保措施滞后于反恐需求的尴尬境地。事实上，防恐比反恐更为重要。在Web3.0时代，首都反恐体系应注重防恐机制的构建。在过去的十几年里，北京市政府为应对恐怖袭击做出了大量的努力，取得了显著成效。然而，就首都城市反恐的行动计划和对策体系而言，大多仍局限于既有措施的总结与补充，缺乏对某类反恐措施的针对性及其实际效能进行分析，此类分析有助于城市管理部门采取有针对性、有不同侧重点的反恐措施，以建立完善的首都反恐预案。根据当前反恐斗争的特殊性，以及"我暗敌明"的

◇ 互联网时代的都市反恐

反恐生态环境，首都城市反恐的工作思路必须紧跟互联网时代的发展，以及城市管理向智慧城市转型的趋势。随着恐怖分子袭击城市的手段日益高科技化，城市安保部门利用大数据运算、人工智能等高科技手段来打击恐怖分子已经成为必然之势。

总体而言，在互联网时代，首都城市应对恐怖分子的政策体系，不仅应具有明晰的条理性，还需直面当今城市反恐面临的新形势、新挑战。因此，"智慧反恐"体系构建应从资金、装备、资源投放等多个方面进行政策协调，包括打击恐怖组织的互联网融资、提升反恐装备的科技含量、加强重点基础设施的防恐措施等三个方面内容。

一、"智慧反恐"的融资支点

首都反恐，反恐融资先行。恐怖组织在人员招募、培训、购买暴恐器材等方面，都需要资金。切断恐怖组织的资金流动，是弱化甚至中断其恐怖活动的重要途径。随着互联网金融业务的发展，金融机构已经成为反恐斗争的第一道防线。

（一）"反恐融资"面临的现实挑战

造成恐怖组织"死而不僵"的原因有以下几点：一是一些国家没有遵守联合国打击恐怖融资的制裁决定，造成国际恐怖组织开展"游击战"。二是反恐部门对恐怖融资的信息掌握不足。这是源于一些部门对恐怖组织的融资问题没有予以高度重视，机构之间的绩效竞争，使之难以集中力量和资源对恐怖分子资金进行持续追踪。三是反恐部门难以掌握国际恐怖组织的金融资产转移渠道，只能将工作重点放在监控正规金融机构或主流金融系统的涉恐资金流动上。随着互联网金融的发展，反恐部门难以及时收集和分析恐怖组织利用非传统金融渠道的情报。[①] 四是恐怖分子利用慈善机构、生产经

---

① 这些非传统资金转移渠道包括：利用慈善机构、非传统互联网金融平台来获得、存储、转移资金或资产等。

营、高额拍卖等路径，持续获得活动资金，旨在切断恐怖组织资金流的国际合作还很匮乏。例如，2015年11月20日，联合国安理会一致通过2253号决议，旨在延长对"伊斯兰国"、"基地"组织的经济制裁。①需要各成员国提交对"基地"组织等恐怖组织的制裁报告，然而只有很少一部分国家做到了实质性制裁，相当多的国家并没有提供打击涉恐资金的细节信息。

（二）加强反恐融资的国际合作

当前各国的恐怖组织都存在不同程度的内外勾结趋势，尤其是恐怖融资网络已经全球化，因此识别、中断、终止恐怖组织的境内外金融基础设施，是国际反恐融资合作的重要内容。②因此积极参与反恐融资国际联盟、实施情报与资源共享，是首都城市金融反恐取得成功的关键。

一是高度重视联合国的作用。在断绝国内恐怖组织获取境外资金支持的战略中，联合国发挥着举足轻重的作用。首都城市反恐部门应加强与国家安全部门的涉恐金融信息沟通，完善向恐怖组织提供资金支持的个人或机构名单，积极促使名单上的个人或机构被增补进联合国公布的恐怖分子制裁名单之中，这有助于使得涉恐金融资产能够在全球范围内被迅速冻结。

二是加强国际合作，构建执行联合国涉恐制裁决议的跨国合作机制。加强与其他国家的城市反恐部门加强涉恐情报的沟通，完善打击恐怖融资的制裁名单，并向所有金融机构、宗教机构、慈善机构、驻外使领馆、海关与边防、相关行业组织等公布该名单，采取适当的方式打击涉恐资金的流动。

三是在《联合国制止向恐怖主义提供资助的国际公约》等国际

---

① 联合国安理会：《第2253（2015）号决议》，2015，http://www.un.org/zh/documents/view_doc.asp?symbol=S/RES/2253（2015）。

② ［美］理查德·普拉特：《反洗钱与反恐融资指南》，中国金融出版社，2008年版，第162页。

法文件的基础上,加大与有关国家在涉恐融资领域的调查、监控、诉讼、人员引渡、资产冻结等方面建立高效的法律互助机制。

(三) 加强反恐融资的国内监管

恐怖组织对首都城市的攻击,需要大规模的资金支持。近年来,恐怖组织的募资与洗钱方式更为缜密和复杂,并采取了先进的互联网金融科技。构建反恐融资综合政策框架,加强对涉恐资金的国内追踪与监管,能够有效削弱恐怖组织的活动经费来源,具体的监管工作平台主要包括金融机构、慈善机构、替代性互联网汇款体系、政府安保部门等。

一是金融机构对涉恐实名账户进行尽职调查。这些涉恐账户的选取,基于以下标准:进行非经常性交易(超过指定限额的跨国电子汇款),涉嫌洗钱,涉嫌伪造客户身份信息。对于此类账户,金融机构应进一步核实客户身份信息;确定受益人身份;获得该账户资金业务的意图与目标信息,了解客户对账户资金流动的知情权与所有权结构。若上述措施无法获得可靠且真实性的验证,尤其是那些没有明显经济目的或合法意图的复杂且非常规大额交易,则不应开设账户或建立业务关系,并向有关部门提供相关客户的可疑操作报告。

二是执法系统应建立金融情报中心和专业执法部门,并实现涉恐融资行为的月度通报机制。首都城市应建立打击反恐融资的执法部门与监管部门、利益相关部门之间的政策协调机制。应向金融机构通报涉恐嫌疑人名单,金融系统对此类人群进行风险管理评估,对相关业务关系进行严格监控,并采取合理措施明确资金与财产的来源。

三是高度重视跨国代理银行及跨境电汇业务。确定该金融机构的国际信誉与资金监管质量,包括是否曾因洗钱或恐怖融资而被调查。对于"应收账户"应验证与该代理银行有直接往来账户的客户身份信息,并要求跨国代理银行提供相关客户鉴定数据。金融机构不应与空壳银行建立或保持代理银行业务关系，防止那些允许空壳银行利用其账户来接受业务调查的国外金融机构建立业务往来关系。

四是金融机构应将所有的交易记录信息（包括金额和货币类型）保存五年，以便在必要时提供犯罪活动的证据。金融机构在业务关系结束后，继续保留客户身份识别信息（护照、身份证、驾照等）和账户档案。

五是建立疑似涉恐交易报告机制。金融机构应及时向金融监管部门和有关部门及时汇报疑似恐怖主义融资的资金业务，此种报告行为受到法律保护，不承担民事或刑事责任。律师、公证员、会计师、审计师、珠宝与贵金属交易商、信托和企业服务商等，在代表客户从事金融交易时，尤其是现金交易超过指定限额时，也应对有关部门报告疑似涉恐交易。

六是建立大额现金检测系统，用于银行、保险与其他金融机构向中央金融管理机构报告超过特定金额的国内外现金交易，要严格保障信息的合法使用。要求互联网金融平台实施大额现金转账交易的信息通报制度。

二、"智慧反恐"的装备保障

在首都城市建设新型智慧城市的过程中，城市安全是重要一环。这不仅需要首都城市安保部门积极推动相关机构改革，同时也需要增添相应的硬件保障。"智慧反恐"需要制定完整有效的政策框架，还需配备高科技的装备和反恐人员培训场地等基础设施，为北京市的跨越式发展提供强大的推动力。

（一）北京现有反恐装备的效能现状

北京市公安、武警、卫戍部队系统承担着繁重的反恐压力，在反恐装备的质量与数量方面，位于全国前列。随着城市反恐形势的复杂化和恐袭手段的高科技化，北京市的反恐装备现状主要表现在以下几个方面。

一是功能单一，设备老旧。现有的城市反恐检查装备，于2017年才在轨道交通领域实现了全面的"人物同检"，安检人员担负着沉重的工作压力，其配备的反恐防爆装备较为笨重、威慑力有限，对新型暴恐手段，则缺乏相应的装备保障和技能培训。

二是城区之间存在装备代际差异。北京城六区和郊区在反恐设备与人员配备方面存在一定差异。

三是反恐装备的高科技含量较低，系统化程度不高。当前北京市反恐装备尚未做到全面高科技化，尤其在反恐防暴装备和武器方面呈现出效能单一化的总体特征，基层派出所的反恐装备与城市常务安保设备存在科技含量低且震慑力有限的缺陷。[①]

反恐装备的高科技化，事关首都稳定、国家安全以及反恐人员与普遍市民的安危。因此，北京市"智慧反恐"的装备保障，至少应存在战术级别和战略级别的科技支撑，这样在实战领域能够有效制服恐怖分子，减少暴恐危害，在防恐领域能够防患于未然，从源头上阻止恐怖分子的高科技攻势。

（二）"智慧反恐"装备保障体系的构建路径

根据目前国内外反恐科技的发展现状，可以看出未来北京"智慧反恐"的发展方向是实现"互联网+大数据+反恐"。具体而言，即"实名制"身份认证、混合生物识别、智慧视频监控三个主要方向。

"实名制"身份认证是"智慧安防"城市的核心组成部分，由"人证合检智能终端系统"和"便携式人证核检终端"组成。采用"人脸+指纹+身份证"的三位一体识别方式，这种混合型的身份认证，直接以身份证内含指纹、人脸等身份信息，不仅避免了恐怖分子盗用他人身份信息蒙混过关的可能，而且也能根据公安部门设置

---

① 白小川：《对国内反恐防暴武器发展的几点思考》，《辽宁警专学报》，2017年第1期，第82页。

的涉恐人员名单，做到即时预警。

"混合生物识别"是反恐安检技术的代表，应重点投放在公共交通基础设施的安检地区。"混合生物识别"基于精准的X射线物品安检技术，能够拥有高清成像功能、多项图像辨识功能，能够帮助交通要道的安检人员快速区分不同物质的特征，同步整合人检、物检、车检，可以通过验证人、车、物的信息匹配度来分辨是否进行安全预警，可大规模应用于火车站、高铁站、飞机场等反恐重点区域。

"智慧视频监控"是基于大数据平台上的身份认证技术。该技术的核心是多模态的人脸识别技术，其装备系统包括高清摄像机、嵌入式人脸识别芯片、高分辨率卫星即时监测系统、高性能服务器等。智慧视频监控适合于特定社区的安保工作，例如学校、仓库、综合医院、写字楼等。事实上，智慧视频监控才是北京市建立安全型"智慧城市"的关键基础设施，城市管理者可以根据智慧视频监控系统来对北京市的水资源、发电厂、政府部门、交通枢纽等地区实施信息搜集与处理，并进行大数据分析，同时提升对恐怖分子的识别与追踪效果。因此，很适合用于人流量大、视频监控精度高的场所，与后台大数据联动，能够实施持续性动态监控。

总而言之，"智慧反恐"，装备先行。北京市未来的"智慧城市"建设，必然离不开"智慧反恐"装备的高科技支撑，尤其以24小时动态人脸抓捕与识别技术、网络数据库技术、人像组合技术、计算机并行处理技术、模糊图像复原技术为基础的"人脸天网"系统，提升北京城市安保部门对人群分析及检索的能力。

三、北京"智能反恐"的资源投放策略

当前各国首都城市的恐怖袭击逐渐呈现出偶发性攻击向连续性攻击的发展趋势。考虑到北京市庞大的人口基数与广阔的辖区面积，有限的优质反恐资源如何投放成为关乎首都反恐效率的重要问题。

（一）"智能反恐"资源投放的基本思路

在首都应对突发性恐怖袭击的过程中，需要综合考量反恐设施的选址问题，以及反恐资源的调度问题。反恐设施包括：视频监控系统、危险品检测系统、人脸识别系统、远程监控系统、反恐专用装备供给系统、反恐人力、资金与情报系统等。[1] 如前所述，北京的城市反恐防御节点呈现出具有梯度的立体网络化结构，因此，反恐资源的调度有效性问题是城市安全管理部门与学界共同关注的新兴议题。

根据当前各国首都反恐的实践，固定式反恐设施和移动式反恐设施的反恐资源投入始终处于动态平衡的状态。换言之：政府反恐资源投放与恐怖分子的袭击目标选择之间的博弈，才是城市反恐的核心特征。根据空间区位竞争理论，首都城市反恐的防御节点选择通常与以下因素有关：财产密集度、政治象征性、人口密集度、反恐资源运输距离等。通常而言，反恐设施与恐袭现场之间的距离，是决定政府反恐效率与成本的核心要素。政府反恐应急速度与救援所需物资量成正比，并包括反恐预警、可疑人员监测、危机处置、救援与搜捕等多个环节。

总而言之，恐怖袭击对城市造成的损毁规模，与三个参数紧密相关：反恐设施选址、反恐资源投入量、政府的反恐危机管理能力。根据国内外城市反恐部门的实践经验，我们可以得出以下两种城市反恐资源投放模式。

第一种是消极防御型。所谓消极防御型的反恐资源投放，采取的是"以静制动，预防为主"的思路，是指政府将反恐资源集中到固定反恐设施，固定反恐设施往往放置于城市核心区的高危防恐建筑物或地区，例如中央机关办公楼、城市主干道、交通枢纽、使馆

---

[1] 柴瑞瑞、孙康等："连续恐怖袭击下反恐设施选址与资源调度优化模型及其应用"，《系统工程理论与实践》，2016年第2期，第465页。

区等。如果城市反恐部门选择消极防御，则基本不考虑调度可移动反恐资源，因此，城市管理部门依据恐怖袭击次数和核心防恐区域，而将固定反恐设施的选址设定成彼此相连、相互借助的层网结构。消极防御型的资源投放模式，其优点在于能够集中资源确保关键区域的安全，缺点在于这是一种"舍车保帅"的策略，在提升城市政务区、商务区、交通枢纽等关键基础设施反恐能力的同时，对普通居民区、高校、医院等民生基础设施的反恐资源投入量极为有限。对于恐怖组织而言，攻击首都城市核心目标会引起社会恐慌和国际关注，因此，人口众多且反恐资源匮乏的居民区将成为恐怖分子新的攻击目标。

第二种是积极防御型。所谓积极防御型，是指政府反恐部门同时兼顾固定和移动反恐设施的资源投放，采取的是"以动治动，打防结合"的思路，不仅考虑反恐设施的选址优化问题，同时也考虑恐怖袭击的多发性与袭击对象的多样性问题。积极防御型的核心逻辑是城市反恐部门应急管理能力的高低，与反恐资源投放量的多寡成反比。事实上，如果城市管理部门寄希望于增设反恐固定设施来吓阻恐怖分子，则会在反恐实践中始终处于被动应对的不利状态，因为恐怖分子会选取反恐设施不足的城区作为袭击目标，这不仅造成大量固定反恐设施的闲置，同时也会增大城市反恐部门的应急管理难度。积极防御模式聚焦于对可移动反恐设施的溢出效应，尤其是关注情报搜集、反恐预警、警力布控等关键环节的优化问题，这将能够有效震慑恐怖分子。

综上所述，在北京市反恐实践的过程中，既要考虑反恐设施的置放问题，又要考虑政府反恐能力建设问题，更要考虑反恐资源在固定和非固定反恐设施的投入问题，只有尽可能合理配置这三个要素之间的比例关系，才能避免反恐资源的浪费、减少首都反恐脆弱点，从而提升"智能反恐"的整体成效。

（二）反恐资源的投放路径

根据近年来各国首都城市反恐的实践经验，我们可以总结出首

◇ 互联网时代的都市反恐

都城市反恐资源投放需直面的五大现状特征：一是恐怖分子的主要袭击目标是中央政务区和中央商务区，其中，与之相连的城市交通基础设施是恐袭发生的重要场所。二是不同城区的反恐资源投入量呈现非均衡化特征，这种状态在相当长时间内难以改变。三是固定反恐设施仍然集聚较多的反恐资源，并且对反恐分子起到有效的威慑作用。四是政府的防恐能力建设需要综合考量移动式反恐设施的资源投放问题，需要借助互联网技术、大数据等高科技。五是反恐资源的高效调度问题，将超越反恐资源投放的选址问题，成为"智慧反恐"的必然趋势。北京市反恐资源的投放路径，包括以下三个方面。

第一，将反恐特种机动队作为首都反恐的"第一道防线"，提升移动式反恐设施的资源投入量和高科技含量。当前北京市相关部门，已经认识到反恐资源调度效率的重要性，同时也开始关注移动式反恐资源投放的试点工作。反恐特种机动队是第一时间应对暴恐活动的中坚力量，长期屯兵人流密集区域，通过巡防的方式，迅速到达暴恐区域。以反恐特种机动队为代表的移动式反恐设施，其资源投入途径包括两个方面：一是反恐装备的高科技化。其中包括带有抗干扰通讯装备和防冲撞装置的执勤车，能够实现全方位视频监控和数据传输，与反恐指挥中心即时通讯。二是采取"战训合一"的勤务模式。实现机动巡查警员的专业技能训练，周训练课时量不低于8小时，并辅之反恐警情演练，以及反恐装备操演练习，以提升警员使用反恐资源的熟练度。[①]

第二，组建首都核心区域反恐领导小组。针对北京市反恐应急指挥中心缺乏基层组织支持的现状，构建市—区两级反恐领导小组，通过划设市级反恐核心区和区级反恐核心区，来确保反恐资源的有效调度和统一指挥。市级核心区包括由国家行政机关组成的中央政

---

① 吴艺："筑牢城市反恐防暴处突'第一道防线'"，《人民公安报》，2016年8月23日，第4版。

务区，国内外大型企业总部组成的中央商务区。区级核心区包括各行政区办公区及商贸中心、高校区、综合医院、地铁换乘站等。反恐领导小组通常由市政府和区政府分管公安事务的领导为组长，其下设的反恐行动组，是各级反恐领导小组的核心组成部分，担负着情报搜集、应急处突的重要责任，在反恐资源投放的过程中，应对其适当倾斜。核心区域领导小组应明确重点防恐目标，坚持以点带面的原则，反恐资源投放也以核心区的重要建筑物及主干道为主，①确保反恐物质资源的可用性、充足性、便携性。

第三，加大对交通基础设施的反恐资源投放量。公共交通基础设施是近年来恐怖组织袭击城市的重要目标。新时期首都城市反恐的焦点应注重城市公共交通基础设施的反恐预防，这既是实现城市公共安全的重要目标，也是构建首都安全共同体的时代使命。

四、"智能反恐"的情报体系构建

（一）"平安北京"的涉恐情报平台建设

当前，北京的城市安防系统在大数据、云计算等现代高科技的基础上实现了升级改造，为建设"平安北京"提供强大的情报支撑。主要代表性项目包括四个方面。

一是市区治安动态监控系统。包括地下与路面交通线路的视频监控全覆盖，旅游景区、商业区、政务区的视频监控信息联网，重点反恐区域的高清全天候摄像机高密度置放，警务巡逻与社区治安岗亭的全天工作，对市区人流密集地区和重点防恐区域实行了视频全覆盖。

二是进京公路智能安检系统。对进入北京的省道、国道、高速公路设置视频智能分析系统，配合流动警务平台和人脸识别系统，

---

① 任才清、吴超："城市重要目标区域反恐小组的构建研究"，《武汉理工大学学报（信息与管理工程版）》，2016年第2期，第151页。

提高了人物分检的效率，同时也有效震慑了暴恐分子。

三是公布首都涉恐报警信息联网系统。北京公安局设立110暴恐举报电话受理平台，以及"平安北京"微博私信举报受理平台，并设置举报奖励机制。其中，"北京反恐"微信平台设置了反恐法规、反恐常识、反恐视频等板块，为首都民众获取反恐信息搭建了移动互联网平台。

四是初步完成了"智慧城区"的试点建设。例如：朝阳区信息化工作办公室大力推进"智慧朝阳"建设，试点"智慧物业"和"智慧社区"，利用物流网、云计算、网络设施，实现城市管理的精细化、智能化，[①] 实现了居民区、社区、城区三个层面的基础信息传输、存储、分析，为北京市社会治安信息的精细化管理积累了宝贵经验。

获取反恐情报的重要来源是高科技途径与人力情报。北京市作为全国反恐装备最齐全、反恐科技最先进的城市，具备了"智能反恐"的硬件基础。反恐部门能够通过移动通信运行商和互联网基站等技术接口，以及多年来建设完成的基础信息网络与信息分析系统，获取跨平台、跨部门的音视频、文本、数据等信息，如此庞大的信息池需要借助大数据平台对其进行情报筛选。事实上，互联网时代的涉恐信息量极为庞大，包括涉恐嫌疑人的年龄、出入场所、资金链、住所与交通工具等情报资料，都需要借助北京市智慧城市管理系统的信息整合才能完成，这就涉及到移动警务、社区监控视频、现场执法记录、远程人脸识别、卫星定位等技术。因此，如何高效处理涉恐情报，是北京"智慧反恐"情报管理的核心议题。

（二）"智能反恐"的情报整理机制构建

北京市"智能反恐"的情报整理机制分为前期处理机制和后期

[①] "建设智慧朝阳提升城市管理精细化"，朝阳区政府网，资料取自2019年6月22日，http://www.bjchy.gov.cn/affair/ghjh/fzhgh/8a24fe835a59e3a2015aee88650e0eff.html。

处理机制。

前期处理机制主要集中于涉恐情报的筛选，包括五个组成部分。一是依托分布式和集中式视频信息存储技术，对全市监控视频进行"标签化"处理，例如运动轨迹、生物特征、基本属性等，这种结构化处理能够快速检索可疑信息、实现跨区域跟踪和定位。二是建立实名制信息库。该信息库包含银行账户信息、手机卡信息、身份证信息、电子邮箱注册信息、房产证和居住证信息，实现互联网线上线下的双重信息定位，[①] 提升涉恐人员的身份定位精准度。三是对互联网信息进行动态监测。包括大型网络游戏平台、贴吧、论坛、博客等的注册信息，以及互联网支付平台的流水记录监测。四是加大对网络运营商的技术合作，尤其是加强对私营网络运营商的技术接口进行监管，获取高密级的情报线索。五是加大人力情报搜索，包括通过社区走访、定期巡逻、电话咨询等方式。由此可见，前期情报处理机制是对涉恐信息的"汇聚—加工"，亦是构建多元型情报网的过程。

后期处理机制主要集中于涉恐情报的预警。当前，各国反恐之所以越反越恐，主要源于涉恐情报信息的容量大、种类多、价值低等特征，处理难度较大，因此，城市反恐部门对涉恐信息往往只能做到"事后取证"，而难以做到"事前预警"。虽然打击与预防都是反恐的重要步骤，但过于强调打击，会造成不必要的反弹，而应逐渐实现防恐与反恐的适度平衡。

后期处理机制就是对反恐情报的精细化分析，主要步骤有三。一是实现"视频预警"。主要是借助智能信息分析平台，对视频信息进行结构化处理，将视频内容按照时空分割、人脸识别、信息比对等处理方法，形成即时网页信息，一旦发现疑似"涉恐人员名单"的人员，则自动预警并持续监控，从而减少恐怖分子发动恐怖袭击

[①] 都伊林、吴骁："智慧城市视角下完善反恐预警机制研究"，《情报杂志》，2015年第7期，第14页。

的准备时间。二是实现"数据预警"。通过构建暴恐案例数据库、罪犯数据库、身份信息数据库等，最终组成涉恐核心信息综合数据库群，并设置预警参数阈值，一旦出现疑似涉恐人员，则会触发报警阈值。同时也可借助"数据挖掘"等专业算法，[①] 从海量信息中捕捉到有价值的情报，并对其进行比对和分析，以产生高水平的情报产品。三是构建联动式预警机制。联动式反恐预警机制基于"情报、预警、预案"三位一体的原则，借助智能情报精细化处理系统，不仅实现涉恐情报预警，又能设计出高效的行动预案。联动式反恐预警机制不仅包括"国家级—北京市级—行政区级"反恐预案组织机制，调度不同规模的反恐资源，而且包括跨部门、跨域区反恐信息整合机制，提高反恐应急预案的可操作性，还包括反恐综合保障机制，包括资金保障、人员保障、技术保障、法规保障等。

总而言之，北京市反恐工作走向"智能化"是大势所趋。将"智慧都市"建设与"智慧反恐"有机结合，不仅是工作思路的巨大转型，更代表着首都安防体系的整体升级。可以说，在互联网、大数据、人脸识别、云计算等高新科技支撑下，北京市"智能反恐"的成效将更为突出，构建主动防恐与高效反恐机制，将成为新时代"平安北京"建设的发展趋势。

[①] 梅建明："论反恐数据挖掘"，《中国人民公安大学学报（社会科学版）》，2007年第2期，第25页。

附录 《中华人民共和国反恐怖主义法》

(2015年12月27日第十二届全国人民代表大会常务委员会第十八次会议通过 根据2018年4月27日第十三届全国人民代表大会常务委员会第二次会议《关于修改〈中华人民共和国国境卫生检疫法〉等六部法律的决定》修正)

第一章 总 则

第一条 为了防范和惩治恐怖活动,加强反恐怖主义工作,维护国家安全、公共安全和人民生命财产安全,根据宪法,制定本法。

第二条 国家反对一切形式的恐怖主义,依法取缔恐怖活动组织,对任何组织、策划、准备实施、实施恐怖活动,宣扬恐怖主义,煽动实施恐怖活动,组织、领导、参加恐怖活动组织,为恐怖活动提供帮助的,依法追究法律责任。

国家不向任何恐怖活动组织和人员作出妥协,不向任何恐怖活动人员提供庇护或者给予难民地位。

第二条 本法所称恐怖主义,是指通过暴力、破坏、恐吓等手段,制造社会恐慌、危害公共安全、侵犯人身财产,或者胁迫国家机关、国际组织,以实现其政治、意识形态等目的的主张和行为。

本法所称恐怖活动,是指恐怖主义性质的下列行为:

(一)组织、策划、准备实施、实施造成或者意图造成人员伤亡、重大财产损失、公共设施损坏、社会秩序混乱等严重社会危害的活动的；

（二）宣扬恐怖主义，煽动实施恐怖活动，或者非法持有宣扬恐怖主义的物品，强制他人在公共场所穿戴宣扬恐怖主义的服饰、标志的；

（三）组织、领导、参加恐怖活动组织的；

（四）为恐怖活动组织、恐怖活动人员、实施恐怖活动或者恐怖活动培训提供信息、资金、物资、劳务、技术、场所等支持、协助、便利的；

（五）其他恐怖活动。

本法所称恐怖活动组织，是指三人以上为实施恐怖活动而组成的犯罪组织。

本法所称恐怖活动人员，是指实施恐怖活动的人和恐怖活动组织的成员。

本法所称恐怖事件，是指正在发生或者已经发生的造成或者可能造成重大社会危害的恐怖活动。

第四条　国家将反恐怖主义纳入国家安全战略，综合施策，标本兼治，加强反恐怖主义的能力建设，运用政治、经济、法律、文化、教育、外交、军事等手段，开展反恐怖主义工作。

国家反对一切形式的以歪曲宗教教义或者其他方法煽动仇恨、煽动歧视、鼓吹暴力等极端主义，消除恐怖主义的思想基础。

第五条　反恐怖主义工作坚持专门工作与群众路线相结合，防范为主、惩防结合和先发制敌、保持主动的原则。

第六条　反恐怖主义工作应当依法进行，尊重和保障人权，维护公民和组织的合法权益。

在反恐怖主义工作中，应当尊重公民的宗教信仰自由和民族风俗习惯，禁止任何基于地域、民族、宗教等理由的歧视性做法。

第七条　国家设立反恐怖主义工作领导机构，统一领导和指挥全国反恐怖主义工作。

设区的市级以上地方人民政府设立反恐怖主义工作领导机构，县级人民政府根据需要设立反恐怖主义工作领导机构，在上级反恐怖主义工作领导机构的领导和指挥下，负责本地区反恐怖主义工作。

第八条 公安机关、国家安全机关和人民检察院、人民法院、司法行政机关以及其他有关国家机关，应当根据分工，实行工作责任制，依法做好反恐怖主义工作。

中国人民解放军、中国人民武装警察部队和民兵组织依照本法和其他有关法律、行政法规、军事法规以及国务院、中央军事委员会的命令，并根据反恐怖主义工作领导机构的部署，防范和处置恐怖活动。

有关部门应当建立联动配合机制，依靠、动员村民委员会、居民委员会、企业事业单位、社会组织，共同开展反恐怖主义工作。

第九条 任何单位和个人都有协助、配合有关部门开展反恐怖主义工作的义务，发现恐怖活动嫌疑或者恐怖活动嫌疑人员的，应当及时向公安机关或者有关部门报告。

第十条 对举报恐怖活动或者协助防范、制止恐怖活动有突出贡献的单位和个人，以及在反恐怖主义工作中作出其他突出贡献的单位和个人，按照国家有关规定给予表彰、奖励。

第十一条 对在中华人民共和国领域外对中华人民共和国国家、公民或者机构实施的恐怖活动犯罪，或者实施的中华人民共和国缔结、参加的国际条约所规定的恐怖活动犯罪，中华人民共和国行使刑事管辖权，依法追究刑事责任。

第二章 恐怖活动组织和人员的认定

第十二条 国家反恐怖主义工作领导机构根据本法第三条的规定，认定恐怖活动组织和人员，由国家反恐怖主义工作领导机构的办事机构予以公告。

第十三条 国务院公安部门、国家安全部门、外交部门和省级反恐怖主义工作领导机构对于需要认定恐怖活动组织和人员的,应当向国家反恐怖主义工作领导机构提出申请。

第十四条 金融机构和特定非金融机构对国家反恐怖主义工作领导机构的办事机构公告的恐怖活动组织和人员的资金或者其他资产,应当立即予以冻结,并按照规定及时向国务院公安部门、国家安全部门和反洗钱行政主管部门报告。

第十五条 被认定的恐怖活动组织和人员对认定不服的,可以通过国家反恐怖主义工作领导机构的办事机构申请复核。国家反恐怖主义工作领导机构应当及时进行复核,作出维持或者撤销认定的决定。复核决定为最终决定。

国家反恐怖主义工作领导机构作出撤销认定的决定的,由国家反恐怖主义工作领导机构的办事机构予以公告;资金、资产已被冻结的,应当解除冻结。

第十六条 根据刑事诉讼法的规定,有管辖权的中级以上人民法院在审判刑事案件的过程中,可以依法认定恐怖活动组织和人员。对于在判决生效后需要由国家反恐怖主义工作领导机构的办事机构予以公告的,适用本章的有关规定。

第三章 安全防范

第十七条 各级人民政府和有关部门应当组织开展反恐怖主义宣传教育,提高公民的反恐怖主义意识。

教育、人力资源行政主管部门和学校、有关职业培训机构应当将恐怖活动预防、应急知识纳入教育、教学、培训的内容。

新闻、广播、电视、文化、宗教、互联网等有关单位,应当有针对性地面向社会进行反恐怖主义宣传教育。

村民委员会、居民委员会应当协助人民政府以及有关部门,加强反恐怖主义宣传教育。

第十八条 电信业务经营者、互联网服务提供者应当为公安机关、国家安全机关依法进行防范、调查恐怖活动提供技术接口和解密等技术支持和协助。

第十九条　电信业务经营者、互联网服务提供者应当依照法律、行政法规规定，落实网络安全、信息内容监督制度和安全技术防范措施，防止含有恐怖主义、极端主义内容的信息传播；发现含有恐怖主义、极端主义内容的信息的，应当立即停止传输，保存相关记录，删除相关信息，并向公安机关或者有关部门报告。

网信、电信、公安、国家安全等主管部门对含有恐怖主义、极端主义内容的信息，应当按照职责分工，及时责令有关单位停止传输、删除相关信息，或者关闭相关网站、关停相关服务。有关单位应当立即执行，并保存相关记录，协助进行调查。对互联网上跨境传输的含有恐怖主义、极端主义内容的信息，电信主管部门应当采取技术措施，阻断传播。

第二十条　铁路、公路、水上、航空的货运和邮政、快递等物流运营单位应当实行安全查验制度，对客户身份进行查验，依照规定对运输、寄递物品进行安全检查或者开封验视。对禁止运输、寄递，存在重大安全隐患，或者客户拒绝安全查验的物品，不得运输、寄递。

前款规定的物流运营单位，应当实行运输、寄递客户身份、物品信息登记制度。

第二十一条　电信、互联网、金融、住宿、长途客运、机动车租赁等业务经营者、服务提供者，应当对客户身份进行查验。对身份不明或者拒绝身份查验的，不得提供服务。

第二十二条　生产和进口单位应当依照规定对枪支等武器、弹药、管制器具、危险化学品、民用爆炸物品、核与放射物品作出电子追踪标识，对民用爆炸物品添加安检示踪标识物。

运输单位应当依照规定对运营中的危险化学品、民用爆炸物品、核与放射物品的运输工具通过定位系统实行监控。

有关单位应当依照规定对传染病病原体等物质实行严格的监督管理，严密防范传染病病原体等物质扩散或者流入非法渠道。

对管制器具、危险化学品、民用爆炸物品，国务院有关主管部门或者省级人民政府根据需要，在特定区域、特定时间，可以决定对生产、进出口、运输、销售、使用、报废实施管制，可以禁止使用现金、实物进行交易或者对交易活动作出其他限制。

第二十三条　发生枪支等武器、弹药、危险化学品、民用爆炸物品、核与放射物品、传染病病原体等物质被盗、被抢、丢失或者其他流失的情形，案发单位应当立即采取必要的控制措施，并立即向公安机关报告，同时依照规定向有关主管部门报告。公安机关接到报告后，应当及时开展调查。有关主管部门应当配合公安机关开展工作。

任何单位和个人不得非法制作、生产、储存、运输、进出口、销售、提供、购买、使用、持有、报废、销毁前款规定的物品。公安机关发现的，应当予以扣押；其他主管部门发现的，应当予以扣押，并立即通报公安机关；其他单位、个人发现的，应当立即向公安机关报告。

第二十四条　国务院反洗钱行政主管部门、国务院有关部门、机构依法对金融机构和特定非金融机构履行反恐怖主义融资义务的情况进行监督管理。

国务院反洗钱行政主管部门发现涉嫌恐怖主义融资的，可以依法进行调查，采取临时冻结措施。

第二十五条　审计、财政、税务等部门在依照法律、行政法规的规定对有关单位实施监督检查的过程中，发现资金流入流出涉嫌恐怖主义融资的，应当及时通报公安机关。

第二十六条　海关在对进出境人员携带现金和无记名有价证券实施监管的过程中，发现涉嫌恐怖主义融资的，应当立即通报国务院反洗钱行政主管部门和有管辖权的公安机关。

第二十七条　地方各级人民政府制定、组织实施城乡规划，应当符合反恐怖主义工作的需要。

地方各级人民政府应当根据需要，组织、督促有关建设单位在主要道路、交通枢纽、城市公共区域的重点部位，配备、安装公共安全视频图像信息系统等防范恐怖袭击的技防、物防设备、设施。

第二十八条　公安机关和有关部门对宣扬极端主义，利用极端主义危害公共安全、扰乱公共秩序、侵犯人身财产、妨害社会管理的，应当及时予以制止，依法追究法律责任。

公安机关发现极端主义活动的，应当责令立即停止，将有关人员强行带离现场并登记身份信息，对有关物品、资料予以收缴，对非法活动场所予以查封。

任何单位和个人发现宣扬极端主义的物品、资料、信息的，应当立即向公安机关报告。

第二十九条　对被教唆、胁迫、引诱参与恐怖活动、极端主义活动，或者参与恐怖活动、极端主义活动情节轻微，尚不构成犯罪的人员，公安机关应当组织有关部门、村民委员会、居民委员会、所在单位、就读学校、家庭和监护人对其进行帮教。

监狱、看守所、社区矫正机构应当加强对服刑的恐怖活动罪犯和极端主义罪犯的管理、教育、矫正等工作。监狱、看守所对恐怖活动罪犯和极端主义罪犯，根据教育改造和维护监管秩序的需要，可以与普通刑事罪犯混合关押，也可以个别关押。

第三十条　对恐怖活动罪犯和极端主义罪犯被判处徒刑以上刑罚的，监狱、看守所应当在刑满释放前根据其犯罪性质、情节和社会危害程度，服刑期间的表现，释放后对所居住社区的影响等进行社会危险性评估。进行社会危险性评估，应当听取有关基层组织和原办案机关的意见。经评估具有社会危险性的，监狱、看守所应当向罪犯服刑地的中级人民法院提出安置教育建议，并将建议书副本抄送同级人民检察院。

罪犯服刑地的中级人民法院对于确有社会危险性的,应当在罪犯刑满释放前作出责令其在刑满释放后接受安置教育的决定。决定书副本应当抄送同级人民检察院。被决定安置教育的人员对决定不服的,可以向上一级人民法院申请复议。

安置教育由省级人民政府组织实施。安置教育机构应当每年对被安置教育人员进行评估,对于确有悔改表现,不致再危害社会的,应当及时提出解除安置教育的意见,报决定安置教育的中级人民法院作出决定。被安置教育人员有权申请解除安置教育。

人民检察院对安置教育的决定和执行实行监督。

第三十一条 公安机关应当会同有关部门,将遭受恐怖袭击的可能性较大以及遭受恐怖袭击可能造成重大的人身伤亡、财产损失或者社会影响的单位、场所、活动、设施等确定为防范恐怖袭击的重点目标,报本级反恐怖主义工作领导机构备案。

第三十二条 重点目标的管理单位应当履行下列职责:

(一)制定防范和应对处置恐怖活动的预案、措施,定期进行培训和演练;

(二)建立反恐怖主义工作专项经费保障制度,配备、更新防范和处置设备、设施;

(三)指定相关机构或者落实责任人员,明确岗位职责;

(四)实行风险评估,实时监测安全威胁,完善内部安全管理;

(五)定期向公安机关和有关部门报告防范措施落实情况。

重点目标的管理单位应当根据城乡规划、相关标准和实际需要,对重点目标同步设计、同步建设、同步运行符合本法第二十七条规定的技防、物防设备、设施。

重点目标的管理单位应当建立公共安全视频图像信息系统值班监看、信息保存使用、运行维护等管理制度,保障相关系统正常运行。采集的视频图像信息保存期限不得少于九十日。

对重点目标以外的涉及公共安全的其他单位、场所、活动、设施,其主管部门和管理单位应当依照法律、行政法规规定,建立健全安全管理制度,落实安全责任。

第三十三条 重点目标的管理单位应当对重要岗位人员进行安全背景审查。对有不适合情形的人员,应当调整工作岗位,并将有关情况通报公安机关。

第三十四条 大型活动承办单位以及重点目标的管理单位应当依照规定,对进入大型活动场所、机场、火车站、码头、城市轨道交通站、公路长途客运站、口岸等重点目标的人员、物品和交通工具进行安全检查。发现违禁品和管制物品,应当予以扣留并立即向公安机关报告;发现涉嫌违法犯罪人员,应当立即向公安机关报告。

第三十五条 对航空器、列车、船舶、城市轨道车辆、公共电汽车等公共交通运输工具,营运单位应当依照规定配备安保人员和相应设备、设施,加强安全检查和保卫工作。

第三十六条 公安机关和有关部门应当掌握重点目标的基础信息和重要动态,指导、监督重点目标的管理单位履行防范恐怖袭击的各项职责。

公安机关、中国人民武装警察部队应当依照有关规定对重点目标进行警戒、巡逻、检查。

第三十七条 飞行管制、民用航空、公安等主管部门应当按照职责分工,加强空域、航空器和飞行活动管理,严密防范针对航空器或者利用飞行活动实施的恐怖活动。

第三十八条 各级人民政府和军事机关应当在重点国(边)境地段和口岸设置拦阻隔离网、视频图像采集和防越境报警设施。

公安机关和中国人民解放军应当严密组织国(边)境巡逻,依照规定对抵离国(边)境前沿、进出国(边)境管理区和国(边)境通道、口岸的人员、交通运输工具、物品,以及沿海沿边地区的船舶进行查验。

第三十九条 出入境证件签发机关、出入境边防检查机关对恐怖活动人员和恐怖活动嫌疑人员,有权决定不准其出境入境、不予签发出境入境证件或者宣布其出境入境证件作废。

第四十条 海关、出入境边防检查机关发现恐怖活动嫌疑人员或者涉嫌恐怖活动物品的,应当依法扣留,并立即移送公安机关或者国家安全机关。

第四十一条 国务院外交、公安、国家安全、发展改革、工业和信息化、商务、旅游等主管部门应当建立境外投资合作、旅游等安全风险评估制度,对中国在境外的公民以及驻外机构、设施、财产加强安全保护,防范和应对恐怖袭击。

第四十二条 驻外机构应当建立健全安全防范制度和应对处置预案,加强对有关人员、设施、财产的安全保护。

第四章 情报信息

第四十三条 国家反恐怖主义工作领导机构建立国家反恐怖主义情报中心,实行跨部门、跨地区情报信息工作机制,统筹反恐怖主义情报信息工作。

有关部门应当加强反恐怖主义情报信息搜集工作,对搜集的有关线索、人员、行动类情报信息,应当依照规定及时统一归口报送国家反恐怖主义情报中心。

地方反恐怖主义工作领导机构应当建立跨部门情报信息工作机制,组织开展反恐怖主义情报信息工作,对重要的情报信息,应当及时向上级反恐怖主义工作领导机构报告,对涉及其他地方的紧急情报信息,应当及时通报相关地方。

第四十四条 公安机关、国家安全机关和有关部门应当依靠群众,加强基层基础工作,建立基层情报信息工作力量,提高反恐怖主义情报信息工作能力。

第四十五条 公安机关、国家安全机关、军事机关在其职责范围内,因反恐怖主义情报信息工作的需要,根据国家有关规定,经过严格的批准手续，可以采取技术侦察措施。

依照前款规定获取的材料，只能用于反恐怖主义应对处置和对恐怖活动犯罪、极端主义犯罪的侦查、起诉和审判，不得用于其他用途。

第四十六条　有关部门对于在本法第三章规定的安全防范工作中获取的信息，应当根据国家反恐怖主义情报中心的要求，及时提供。

第四十七条　国家反恐怖主义情报中心、地方反恐怖主义工作领导机构以及公安机关等有关部门应当对有关情报信息进行筛查、研判、核查、监控，认为有发生恐怖事件危险，需要采取相应的安全防范、应对处置措施的，应当及时通报有关部门和单位，并可以根据情况发出预警。有关部门和单位应当根据通报做好安全防范、应对处置工作。

第四十八条　反恐怖主义工作领导机构、有关部门和单位、个人应当对履行反恐怖主义工作职责、义务过程中知悉的国家秘密、商业秘密和个人隐私予以保密。

违反规定泄露国家秘密、商业秘密和个人隐私的，依法追究法律责任。

第五章　调　查

第四十九条　公安机关接到恐怖活动嫌疑的报告或者发现恐怖活动嫌疑，需要调查核实的，应当迅速进行调查。

第五十条　公安机关调查恐怖活动嫌疑，可以依照有关法律规定对嫌疑人员进行盘问、检查、传唤，可以提取或者采集肖像、指纹、虹膜图像等人体生物识别信息和血液、尿液、脱落细胞等生物样本，并留存其签名。

公安机关调查恐怖活动嫌疑，可以通知了解有关情况的人员到公安机关或者其他地点接受询问。

第五十一条　公安机关调查恐怖活动嫌疑，有权向有关单位和个人收集、调取相关信息和材料。有关单位和个人应当如实提供。

第五十二条　公安机关调查恐怖活动嫌疑，经县级以上公安机关负责人批准，可以查询嫌疑人员的存款、汇款、债券、股票、基金份额等财产，可以采取查封、扣押、冻结措施。查封、扣押、冻结的期限不得超过二个月，情况复杂的，可以经上一级公安机关负责人批准延长一个月。

第五十三条　公安机关调查恐怖活动嫌疑，经县级以上公安机关负责人批准，可以根据其危险程度，责令恐怖活动嫌疑人员遵守下列一项或者多项约束措施：

（一）未经公安机关批准不得离开所居住的市、县或者指定的处所；

（二）不得参加大型群众性活动或者从事特定的活动；

（三）未经公安机关批准不得乘坐公共交通工具或者进入特定的场所；

（四）不得与特定的人员会见或者通信；

（五）定期向公安机关报告活动情况；

（六）将护照等出入境证件、身份证件、驾驶证件交公安机关保存。

公安机关可以采取电子监控、不定期检查等方式对其遵守约束措施的情况进行监督。

采取前两款规定的约束措施的期限不得超过三个月。对不需要继续采取约束措施的，应当及时解除。

第五十四条　公安机关经调查，发现犯罪事实或者犯罪嫌疑人的，应当依照刑事诉讼法的规定立案侦查。本章规定的有关期限届满，公安机关未立案侦查的，应当解除有关措施。

第六章　应对处置

第五十五条　国家建立健全恐怖事件应对处置预案体系。

国家反恐怖主义工作领导机构应当针对恐怖事件的规律、特点和可能造成的社会危害，分级、分类制定国家应对处置预案，具体规定恐怖事件应对处置的组织指挥体系和恐怖事件安全防范、应对处置程序以及事后社会秩序恢复等内容。

有关部门、地方反恐怖主义工作领导机构应当制定相应的应对处置预案。

第五十六条　应对处置恐怖事件，各级反恐怖主义工作领导机构应当成立由有关部门参加的指挥机构，实行指挥长负责制。反恐怖主义工作领导机构负责人可以担任指挥长，也可以确定公安机关负责人或者反恐怖主义工作领导机构的其他成员单位负责人担任指挥长。

跨省、自治区、直辖市发生的恐怖事件或者特别重大恐怖事件的应对处置，由国家反恐怖主义工作领导机构负责指挥；在省、自治区、直辖市范围内发生的涉及多个行政区域的恐怖事件或者重大恐怖事件的应对处置，由省级反恐怖主义工作领导机构负责指挥。

第五十七条　恐怖事件发生后，发生地反恐怖主义工作领导机构应当立即启动恐怖事件应对处置预案，确定指挥长。有关部门和中国人民解放军、中国人民武装警察部队、民兵组织，按照反恐怖主义工作领导机构和指挥长的统一领导、指挥，协同开展打击、控制、救援、救护等现场应对处置工作。

上级反恐怖主义工作领导机构可以对应对处置工作进行指导，必要时调动有关反恐怖主义力量进行支援。

需要进入紧急状态的，由全国人民代表大会常务委员会或者国务院依照宪法和其他有关法律规定的权限和程序决定。

第五十八条　发现恐怖事件或者疑似恐怖事件后，公安机关应当立即进行处置，并向反恐怖主义工作领导机构报告；中国人民解放军、中国人民武装警察部队发现正在实施恐怖活动的，应当立即予以控制并将案件及时移交公安机关。

反恐怖主义工作领导机构尚未确定指挥长的，由在场处置的公安机关职级最高的人员担任现场指挥员。公安机关未能到达现场的，由在场处置的中国人民解放军或者中国人民武装警察部队职级最高的人员担任现场指挥员。现场应对处置人员无论是否属于同一单位、系统，均应当服从现场指挥员的指挥。

指挥长确定后，现场指挥员应当向其请示、报告工作或者有关情况。

第五十九条　中华人民共和国在境外的机构、人员、重要设施遭受或者可能遭受恐怖袭击的，国务院外交、公安、国家安全、商务、金融、国有资产监督管理、旅游、交通运输等主管部门应当及时启动应对处置预案。国务院外交部门应当协调有关国家采取相应措施。

中华人民共和国在境外的机构、人员、重要设施遭受严重恐怖袭击后，经与有关国家协商同意，国家反恐怖主义工作领导机构可以组织外交、公安、国家安全等部门派出工作人员赴境外开展应对处置工作。

第六十条　应对处置恐怖事件，应当优先保护直接受到恐怖活动危害、威胁人员的人身安全。

第六十一条　恐怖事件发生后，负责应对处置的反恐怖主义工作领导机构可以决定由有关部门和单位采取下列一项或者多项应对处置措施：

（一）组织营救和救治受害人员，疏散、撤离并妥善安置受到威胁的人员以及采取其他救助措施；

（二）封锁现场和周边道路，查验现场人员的身份证件，在有关场所附近设置临时警戒线；

（三）在特定区域内实施空域、海（水）域管制，对特定区域内的交通运输工具进行检查；

（四）在特定区域内实施互联网、无线电、通讯管制；

（五）在特定区域内或者针对特定人员实施出境入境管制；

（六）禁止或者限制使用有关设备、设施，关闭或者限制使用有关场所，中止人员密集的活动或者可能导致危害扩大的生产经营活动；

（七）抢修被损坏的交通、电信、互联网、广播电视、供水、排水、供电、供气、供热等公共设施；

（八）组织志愿人员参加反恐怖主义救援工作，要求具有特定专长的人员提供服务；

（九）其他必要的应对处置措施。

采取前款第三项至第五项规定的应对处置措施，由省级以上反恐怖主义工作领导机构决定或者批准；采取前款第六项规定的应对处置措施，由设区的市级以上反恐怖主义工作领导机构决定。应对处置措施应当明确适用的时间和空间范围，并向社会公布。

第六十二条　人民警察、人民武装警察以及其他依法配备、携带武器的应对处置人员，对在现场持枪支、刀具等凶器或者使用其他危险方法，正在或者准备实施暴力行为的人员，经警告无效的，可以使用武器；紧急情况下或者警告后可能导致更为严重危害后果的，可以直接使用武器。

第六十三条　恐怖事件发生、发展和应对处置信息，由恐怖事件发生地的省级反恐怖主义工作领导机构统一发布；跨省、自治区、直辖市发生的恐怖事件，由指定的省级反恐怖主义工作领导机构统一发布。

任何单位和个人不得编造、传播虚假恐怖事件信息；不得报道、传播可能引起模仿的恐怖活动的实施细节；不得发布恐怖事件中残忍、不人道的场景；在恐怖事件的应对处置过程中，除新闻媒体经负责发布信息的反恐怖主义工作领导机构批准外，不得报道、传播现场应对处置的工作人员、人质身份信息和应对处置行动情况。

第六十四条　恐怖事件应对处置结束后，各级人民政府应当组织有关部门帮助受影响的单位和个人尽快恢复生活、生产，稳定受影响地区的社会秩序和公众情绪。

第六十五条　当地人民政府应当及时给予恐怖事件受害人员及其近亲属适当的救助，并向失去基本生活条件的受害人员及其近亲属及时提供基本生活保障。卫生、医疗保障等主管部门应当为恐怖事件受害人员及其近亲属提供心理、医疗等方面的援助。

第六十六条　公安机关应当及时对恐怖事件立案侦查，查明事件发生的原因、经过和结果，依法追究恐怖活动组织、人员的刑事责任。

第六十七条　反恐怖主义工作领导机构应当对恐怖事件的发生和应对处置工作进行全面分析、总结评估，提出防范和应对处置改进措施，向上一级反恐怖主义工作领导机构报告。

第七章　国际合作

第六十八条　中华人民共和国根据缔结或者参加的国际条约，或者按照平等互惠原则，与其他国家、地区、国际组织开展反恐怖主义合作。

第六十九条　国务院有关部门根据国务院授权，代表中国政府与外国政府和有关国际组织开展反恐怖主义政策对话、情报信息交流、执法合作和国际资金监管合作。

在不违背我国法律的前提下，边境地区的县级以上地方人民政府及其主管部门，经国务院或者中央有关部门批准，可以与相邻国家或者地区开展反恐怖主义情报信息交流、执法合作和国际资金监管合作。

第七十条　涉及恐怖活动犯罪的刑事司法协助、引渡和被判刑人移管，依照有关法律规定执行。

第七十一条　经与有关国家达成协议，并报国务院批准，国务院公安部门、国家安全部门可以派员出境执行反恐怖主义任务。

中国人民解放军、中国人民武装警察部队派员出境执行反恐怖主义任务,由中央军事委员会批准。

第七十二条　通过反恐怖主义国际合作取得的材料可以在行政处罚、刑事诉讼中作为证据使用,但我方承诺不作为证据使用的除外。

第八章　保障措施

第七十三条　国务院和县级以上地方各级人民政府应当按照事权划分,将反恐怖主义工作经费分别列入同级财政预算。

国家对反恐怖主义重点地区给予必要的经费支持,对应对处置大规模恐怖事件给予经费保障。

第七十四条　公安机关、国家安全机关和有关部门,以及中国人民解放军、中国人民武装警察部队,应当依照法律规定的职责,建立反恐怖主义专业力量,加强专业训练,配备必要的反恐怖主义专业设备、设施。

县级、乡级人民政府根据需要,指导有关单位、村民委员会、居民委员会建立反恐怖主义工作力量、志愿者队伍,协助、配合有关部门开展反恐怖主义工作。

第七十五条　对因履行反恐怖主义工作职责或者协助、配合有关部门开展反恐怖主义工作导致伤残或者死亡的人员,按照国家有关规定给予相应的待遇。

第七十六条　因报告和制止恐怖活动,在恐怖活动犯罪案件中作证,或者从事反恐怖主义工作,本人或者其近亲属的人身安全面临危险的,经本人或者其近亲属提出申请,公安机关、有关部门应当采取下列一项或者多项保护措施:

(一)不公开真实姓名、住址和工作单位等个人信息;

(二)禁止特定的人接触被保护人员;

(三)对人身和住宅采取专门性保护措施;

（四）变更被保护人员的姓名，重新安排住所和工作单位；

（五）其他必要的保护措施。

公安机关、有关部门应当依照前款规定，采取不公开被保护单位的真实名称、地址，禁止特定的人接近被保护单位，对被保护单位办公、经营场所采取专门性保护措施，以及其他必要的保护措施。

第七十七条 国家鼓励、支持反恐怖主义科学研究和技术创新，开发和推广使用先进的反恐怖主义技术、设备。

第七十八条 公安机关、国家安全机关、中国人民解放军、中国人民武装警察部队因履行反恐怖主义职责的紧急需要，根据国家有关规定，可以征用单位和个人的财产。任务完成后应当及时归还或者恢复原状，并依照规定支付相应费用；造成损失的，应当补偿。

因开展反恐怖主义工作对有关单位和个人的合法权益造成损害的，应当依法给予赔偿、补偿。有关单位和个人有权依法请求赔偿、补偿。

第九章 法律责任

第七十九条 组织、策划、准备实施、实施恐怖活动，宣扬恐怖主义，煽动实施恐怖活动，非法持有宣扬恐怖主义的物品，强制他人在公共场所穿戴宣扬恐怖主义的服饰、标志，组织、领导、参加恐怖活动组织，为恐怖活动组织、恐怖活动人员、实施恐怖活动或者恐怖活动培训提供帮助的，依法追究刑事责任。

第八十条 参与下列活动之一，情节轻微，尚不构成犯罪的，由公安机关处十日以上十五日以下拘留，可以并处一万元以下罚款：

（一）宣扬恐怖主义、极端主义或者煽动实施恐怖活动、极端主义活动的；

（二）制作、传播、非法持有宣扬恐怖主义、极端主义的物品的；

（三）强制他人在公共场所穿戴宣扬恐怖主义、极端主义的服饰、标志的；

（四）为宣扬恐怖主义、极端主义或者实施恐怖主义、极端主义活动提供信息、资金、物资、劳务、技术、场所等支持、协助、便利的。

第八十一条　利用极端主义，实施下列行为之一，情节轻微，尚不构成犯罪的，由公安机关处五日以上十五日以下拘留，可以并处一万元以下罚款：

（一）强迫他人参加宗教活动，或者强迫他人向宗教活动场所、宗教教职人员提供财物或者劳务的；

（二）以恐吓、骚扰等方式驱赶其他民族或者有其他信仰的人员离开居住地的；

（三）以恐吓、骚扰等方式干涉他人与其他民族或者有其他信仰的人员交往、共同生活的；

（四）以恐吓、骚扰等方式干涉他人生活习俗、方式和生产经营的；

（五）阻碍国家机关工作人员依法执行职务的；

（六）歪曲、诋毁国家政策、法律、行政法规，煽动、教唆抵制人民政府依法管理的；

（七）煽动、胁迫群众损毁或者故意损毁居民身份证、户口簿等国家法定证件以及人民币的；

（八）煽动、胁迫他人以宗教仪式取代结婚、离婚登记的；

（九）煽动、胁迫未成年人不接受义务教育的；

（十）其他利用极端主义破坏国家法律制度实施的。

第八十二条　明知他人有恐怖活动犯罪、极端主义犯罪行为，窝藏、包庇，情节轻微，尚不构成犯罪的，或者在司法机关向其调查有关情况、收集有关证据时，拒绝提供的，由公安机关处十日以上十五日以下拘留，可以并处一万元以下罚款。

第八十三条　金融机构和特定非金融机构对国家反恐怖主义工

作领导机构的办事机构公告的恐怖活动组织及恐怖活动人员的资金或者其他资产,未立即予以冻结的,由公安机关处二十万元以上五十万元以下罚款,并对直接负责的董事、高级管理人员和其他直接责任人员处十万元以下罚款;情节严重的,处五十万元以上罚款,并对直接负责的董事、高级管理人员和其他直接责任人员,处十万元以上五十万元以下罚款,可以并处五日以上十五日以下拘留。

第八十四条 电信业务经营者、互联网服务提供者有下列情形之一的,由主管部门处二十万元以上五十万元以下罚款,并对其直接负责的主管人员和其他直接责任人员处十万元以下罚款;情节严重的,处五十万元以上罚款,并对其直接负责的主管人员和其他直接责任人员,处十万元以上五十万元以下罚款,可以由公安机关对其直接负责的主管人员和其他直接责任人员,处五日以上十五日以下拘留:

(一)未依照规定为公安机关、国家安全机关依法进行防范、调查恐怖活动提供技术接口和解密等技术支持和协助的;

(二)未按照主管部门的要求,停止传输、删除含有恐怖主义、极端主义内容的信息,保存相关记录,关闭相关网站或者关停相关服务的;

(三)未落实网络安全、信息内容监督制度和安全技术防范措施,造成含有恐怖主义、极端主义内容的信息传播,情节严重的。

第八十五条 铁路、公路、水上、航空的货运和邮政、快递等物流运营单位有下列情形之一的,由主管部门处十万元以上五十万元以下罚款,并对其直接负责的主管人员和其他直接责任人员处十万元以下罚款:

(一)未实行安全查验制度,对客户身份进行查验,或者未依照规定对运输、寄递物品进行安全检查或者开封验视的;

(二)对禁止运输、寄递,存在重大安全隐患,或者客户拒绝安全查验的物品予以运输、寄递的;

（三）未实行运输、寄递客户身份、物品信息登记制度的。

第八十六条 电信、互联网、金融业务经营者、服务提供者未按规定对客户身份进行查验，或者对身份不明、拒绝身份查验的客户提供服务的，主管部门应当责令改正；拒不改正的，处二十万元以上五十万元以下罚款，并对其直接负责的主管人员和其他直接责任人员处十万元以下罚款；情节严重的，处五十万元以上罚款，并对其直接负责的主管人员和其他直接责任人员，处十万元以上五十万元以下罚款。

住宿、长途客运、机动车租赁等业务经营者、服务提供者有前款规定情形的，由主管部门处十万元以上五十万元以下罚款，并对其直接负责的主管人员和其他直接责任人员处十万元以下罚款。

第八十七条 违反本法规定，有下列情形之一的，由主管部门给予警告，并责令改正；拒不改正的，处十万元以下罚款，并对其直接负责的主管人员和其他直接责任人员处一万元以下罚款：

（一）未依照规定对枪支等武器、弹药、管制器具、危险化学品、民用爆炸物品、核与放射物品作出电子追踪标识，对民用爆炸物品添加安检示踪标识物的；

（二）未依照规定对运营中的危险化学品、民用爆炸物品、核与放射物品的运输工具通过定位系统实行监控的；

（三）未依照规定对传染病病原体等物质实行严格的监督管理，情节严重的；

（四）违反国务院有关主管部门或者省级人民政府对管制器具、危险化学品、民用爆炸物品决定的管制或者限制交易措施的。

第八十八条 防范恐怖袭击重点目标的管理、营运单位违反本法规定，有下列情形之一的，由公安机关给予警告，并责令改正；拒不改正的，处十万元以下罚款，并对其直接负责的主管人员和其他直接责任人员处一万元以下罚款：

（一）未制定防范和应对处置恐怖活动的预案、措施的；

(二）未建立反恐怖主义工作专项经费保障制度，或者未配备防范和处置设备、设施的；

（三）未落实工作机构或者责任人员的；

（四）未对重要岗位人员进行安全背景审查，或者未将有不适合情形的人员调整工作岗位的；

（五）对公共交通运输工具未依照规定配备安保人员和相应设备、设施的；

（六）未建立公共安全视频图像信息系统值班监看、信息保存使用、运行维护等管理制度的。

大型活动承办单位以及重点目标的管理单位未依照规定对进入大型活动场所、机场、火车站、码头、城市轨道交通站、公路长途客运站、口岸等重点目标的人员、物品和交通工具进行安全检查的，公安机关应当责令改正；拒不改正的，处十万元以下罚款，并对其直接负责的主管人员和其他直接责任人员处一万元以下罚款。

第八十九条　恐怖活动嫌疑人员违反公安机关责令其遵守的约束措施的，由公安机关给予警告，并责令改正；拒不改正的，处五日以上十五日以下拘留。

第九十条　新闻媒体等单位编造、传播虚假恐怖事件信息，报道、传播可能引起模仿的恐怖活动的实施细节，发布恐怖事件中残忍、不人道的场景，或者未经批准，报道、传播现场应对处置的工作人员、人质身份信息和应对处置行动情况的，由公安机关处二十万元以下罚款，并对其直接负责的主管人员和其他直接责任人员，处五日以上十五日以下拘留，可以并处五万元以下罚款。

个人有前款规定行为的，由公安机关处五日以上十五日以下拘留，可以并处一万元以下罚款。

第九十一条　拒不配合有关部门开展反恐怖主义安全防范、情报信息、调查、应对处置工作的，由主管部门处二千元以下罚款；造成严重后果的，处五日以上十五日以下拘留，可以并处一万元以下罚款。

单位有前款规定行为的，由主管部门处五万元以下罚款；造成严重后果的，处十万元以下罚款；并对其直接负责的主管人员和其他直接责任人员依照前款规定处罚。

第九十二条　阻碍有关部门开展反恐怖主义工作的，由公安机关处五日以上十五日以下拘留，可以并处五万元以下罚款。

单位有前款规定行为的，由公安机关处二十万元以下罚款，并对其直接负责的主管人员和其他直接责任人员依照前款规定处罚。

阻碍人民警察、人民解放军、人民武装警察依法执行职务的，从重处罚。

第九十三条　单位违反本法规定，情节严重的，由主管部门责令停止从事相关业务、提供相关服务或者责令停产停业；造成严重后果的，吊销有关证照或者撤销登记。

第九十四条　反恐怖主义工作领导机构、有关部门的工作人员在反恐怖主义工作中滥用职权、玩忽职守、徇私舞弊，或者有违反规定泄露国家秘密、商业秘密和个人隐私等行为，构成犯罪的，依法追究刑事责任；尚不构成犯罪的，依法给予处分。

反恐怖主义工作领导机构、有关部门及其工作人员在反恐怖主义工作中滥用职权、玩忽职守、徇私舞弊或者有其他违法违纪行为的，任何单位和个人有权向有关部门检举、控告。有关部门接到检举、控告后，应当及时处理并回复检举、控告人。

第九十五条　对依照本法规定查封、扣押、冻结、扣留、收缴的物品、资金等，经审查发现与恐怖主义无关的，应当及时解除有关措施，予以退还。

第九十六条　有关单位和个人对依照本法作出的行政处罚和行政强制措施决定不服的，可以依法申请行政复议或者提起行政诉讼。

第十章　附　则

第九十七条　本法自 2016 年 1 月 1 日起施行。2011 年 10 月 29

日第十一届全国人民代表大会常务委员会第二十三次会议通过的《全国人民代表大会常务委员会关于加强反恐怖工作有关问题的决定》同时废止。

（文本来源：全国人民代表大会，http://www.npc.gov.cn/npc/xinwen/2018-06/12/content_2055871.htm。）

参考文献

一、中文文献

1. [美] 奥德丽·克罗宁著，宋德星、蔡焱译：《恐怖主义如何终结：恐怖活动的衰退与消亡》，金城出版社，2017年版。

2. [美] 理查德·普拉特著，王燕之审校：《反洗钱与反恐融资指南》，中国金融出版社，2008年版。

3. 白小川："对国内反恐防暴武器发展的几点思考"，《辽宁警专学报》，2017年第1期。

4. 柴瑞瑞、孙康等："连续恐怖袭击下反恐设施选址与资源调度优化模型及其应用"，《系统工程理论与实践》，2016年第2期。

5. 陈天社："哈马斯的自杀性袭击探微"，《西亚非洲》，2011年第6期。

6. 陈震、宋清华："独狼式恐怖主义犯罪的法律规制及立法威望"，《齐齐哈尔大学学报（哲学社会科学版）》，2018年第1期。

7. 都伊林、吴骁："智慧城市视角下完善反恐预警机制研究"，《情报杂志》，2015年第7期。

8. 樊守政："斯里兰卡反恐战略评析"，《警察实战训练研究》，2010年第3期。

9. 方芳：《恐怖主义的媒体话语与中美国家身份》，中国政法大学出版社，2015年版。

10. 高铭暄、王俊平："恐怖组织界定"，《国家检察官学院学报》，2006年第2期。

11. 高志程："首都旅店业反恐怖工作探析"，《北京警察学院学报》，2017 年第 3 期。

12. 耿民、王小平："恐怖袭击下地铁反防恐研究概况"，《城市轨道交通研究》，2008 年第 11 期。

13. 胡梅兴："车臣非法武装"，《国际研究参考》，2002 年第 12 期。

14. 贾凤翔、石伟："基于恐怖分子的恐怖主义心理学述评"，《心理科学进展》，2010 年第 10 期。

15. 江冬梅："城市地下轨道交通节点的犯罪防控空间策略"，湖南大学硕士研究生学位论文，2010 年。

16. 焦占广、王从霞："从奥兰多枪击案看应对'独狼式'恐怖主义的对策"，《云南警官学院学报》，2017 年第 2 期。

17. 焦阳、宋叶根："首都反恐：经验与应对"，《南方论坛》，2017 年第 10 期。

18. 林铭："针对暴力恐怖袭击的北京城市轨道交通安全调查"，《公共安全》，2014 年第 3 期。

19. 刘克会："北京市地铁乘客安全意识现状分析及对策研究"，北京化工大学硕士研究生学位论文，2007 年。

20. 刘莹：《"圣战"恐怖主义阴霾下的法国反恐问题研究》，群众出版社，2016 年版。

21. 柳思思：《规范生成与恐怖主义》，世界知识出版社，2013 年版。

22. 马东辉等："地铁系统反恐应急预案编制指南研究"，《中国安全科学学报》，2006 年第 11 期。

23. 梅建明："论反恐数据挖掘"，《中国人民公安大学学报（社会科学版）》，2007 年第 2 期。

24. 任才清、吴超："城市重要目标区域反恐小组的构建研究"，《武汉理工大学学报（信息与管理工程版）》，2016 年第 2 期。

25. 王逸舟：《恐怖主义溯源》，社会科学文献出版社，2010

年版。

26. 王逸舟："中国与联合国维和行动",《国际政治研究》,2017年第4期。

27. 温琪："巴基斯坦恐怖组织对'中巴经济走廊'的看法及影响",《军事文摘》,2017年第3期。

28. 吴艺："筑牢城市反恐防暴处突'第一道防线'",《人民公安报》,2016年8月23日。

29. 杨凯："论国际恐怖组织与互联网络的结合",《东南亚研究》,2005年第2期。

30. 杨恕、焦一强："城市反恐安全区划与等级研究",《兰州大学学报(社会科学版)》,2008年第2期。

31. 于岗："城市公共汽车系统反恐工作研究",《净月学刊》,2017年第1期。

32. 于双、于文韬："极端恐怖组织'伊斯兰国'对中亚的渗透及影响",《和平与发展》,2016年第2期。

33. 袁朋伟："城市轨道交通系统脆弱性研究",北京交通大学博士学位论文,2016年。

34. 袁源："'伊斯兰国'西方青少年网络招募机制研究",《当代青年研究》,2016年第1期。

35. 张家栋、龚健："从猛虎组织的覆亡看反叛乱战略",《现代国际关系》,2009年第9期。

36. 张玮:《地铁北京站毒气泄漏扩散模拟及应急研究》,首都经济贸易大学硕士研究生学位论文,2014年。

37. 朱丽涵："独立建国还是冲突内战——伊拉克库尔德问题将走向何方?",《当代世界》,2017年第11期。

38. 朱新明、蒋志刚等："交通恐怖袭击特点及反恐措施研究",《国防交通工程与技术》,2011年第1期。

二、外文文献

1. Abhishek Kumar Jha, "UNICEF's Twitter Account hacked by Syrian

Electronic Army", *Tech Worm*, October 2, 2014, https://www.techworm.net/2014/10/unicef-twitter-account-hacked.html.

2. Adam Bienkov, "Anders Breivik wasn't a 'lone wolf', he was part of a movement", Liberal Conspiracy, 2011, July 25th, http://liberalconspiracy.org/2011/07/25/anders-breivik-wasnt-a-lone-wolf-he-was-part-of-a-movement/.

3. Amanda N. Spencer, "The Hidden Face of Terrorism: An Analysis of the Women in Islamic State", Journal of Strategic Security, Vol.9, No.3, 2016.

4. Bruce Hoffman, *Inside Terrorism*, New York: Columbia University Press, 1998.

5. Charles Lister, "Competition among Violent Islamist Extremists: Combating an Unprecedented Threat", *The Annals of the American Academy*, 2016, Number 668.

6. Daftari, Lisa, "ISIS all-Female Hacking group looks to recruit more women", *The Foreign Desk*, 19, April 2017, http://www.foreigndesknews.com/world/middle-east/isis-female-hacking-group-looks-recruit-women/.

7. Elizabeth Nolen, "Female Suicide Bombers: Coerced or Committed?", *Global Security Studies*, Volume 7, Issue 2, Spring 2016.

8. Felipe Umana, "The Islamic State: More than a Terrorist Group?" E-International Relations, April 3, 2015, http://www.e-ir.info/2015/04/03/the-islamic-state-more-than-a-terrorist-group/.

9. Helmi Noman, "The Emergence of Open and Organized Pro-Government Cyber Attacks in the Middle East: The Case of the Syrian Electronic Army", *Open Net Initiative*, https://opennet.net/emergence-open-and-organized-pro-government-cyber-attacks-middle-east-case-syrian-electronic-army.

10. International Institute for Counter-Terrorism with the Support of Keren Daniel, ICT Cyber-Desk Review: Report # 14, http://www.ict.org.il/Article/1619/Cyber-Desk-Review-Report-14.

11. International Institute for Counter-Terrorism, Cyber-Terrorism Activities, Report No. 15, 2015.

12. Jamaal Abdul-Alim, "ISIS 'Manifesto' Spells Out Role for Women", *The Atlantic*, March 8, 2015, https://www.theatlantic.com/education/archive/2015/03/isis-manifesto-spells-out-role-for-women/387049/.

13. Javier Argomaniz, "European Union Responses to Terrorist Use of the Internet", *Cooperation and Conflict*, 2015, Volume 50, Number 2.

14. Kamaldeep Bhui, "Marketing the 'radical': Symbolic communication and persuasive technologies in Jihadist websites", *Transcultural Psychiatry*, 2013, Volume 50, Number 2.

15. Katie Moffett & Tony Sgro, "School-Based CVE Strategies", *The Annals of the American Academy*, 2016, Number 668.

16. Kim Sengupta, "Isis-linked hackers attack HNS websites to show gruesome Syrian civil war images", Independent, February 7, 2017, https://www.independent.co.uk/news/uk/crime/isis-islamist-hackers-nhs-websites-cyber-attack-syrian-civil-war-images-islamic-state-a7567236.html.

17. Lisa Blaker, University of Maryland, Baltimore County. The Islamic State-s Use of Online Social Media. Military Cyber Affairs, The Journal of the Military Cyber Professionals Association, 2015.

18. M. Bond, "The Making of a Suicide Bomber", *New Scientist*, Vol. 182, No. 2447, 2004.

19. Mia Bloom and Charlie Winter, "How a Woman Joins ISIS", *The Daily Beast*, December 6, 2015, https://www.thedailybeast.com/how-a-woman-joins-isis.

20. Nicholas W. Bakken, *The Anatomy of Suicide Terrorism: A*

Durkheimian Analysis, Florida: International Foundation for Protection Officers, August 2007. http://www.ifpo.org/wp-content/uploads/2013/08/Bakken_Suicide_Terrorism.pdf.

21. Patrick Cockburn, "Life Under ISIS: The Everyday Reality of Living in the Islamic 'Caliphate' with its 7th Cenury Laws, Very Modern Methods and Merciless Violence," Independent, March 15, 2015, https://www.independent.co.uk/news/world/middle-east/life-under-isis-the-everyday-reality-of-living-in-the-islamic-caliphate-with-its–7th-century-laws–10109655.html.

22. Rhys Machold, "Learning from Israel? '26/11' and the Anti-Politics of Urban Security Governance", *Security Dialogue*, 2016, Volume 47, Number 4.

23. Richard Barrett, *Foreign Fighters in Syria*, SouFan Group Report, 2014, p.6, http://soufangroup.com/wp-content/uploads/2014/06/TSG-Foreign-Fighters-in-Syria.pdf.

24. RisaA. Brooks, "Muslim 'Homegrown' Terrorism in the United States: How Serious is the Threat?", *International Security*, 2011, Volume 36, Number 2.

25. Robert Pape, "The strategic logic of Suicide Terrorism", *American Political Science Review*, Vol.97, No.3, 2003.

26. Tine Ustad Figenschou & Audun Beyer, "The Limits of the Debate: How the Oslo Terror Shookthe Norwegian ImmigrationDebate", *The International Journal of Press/Politics*, Volume 19, Number 4.

后　记

行文到最后，实在意犹未尽。

首先，十分感谢北京市委组织部、北京市人力资源和社会保障局设置高层次创新创业人才支持计划青年拔尖人才项目。正是由于有了来自北京市委、市教委相关部门的大力支持和亲切关怀，我们这些青年教师才有了一个提升自我修养、服务首都建设的平台。我力求完美撰写此书，但由于个人学术功力有限，难免存在种种不够细致之处，敬请业界专家同仁批评和谅解。

其次，感谢北京第二外国语学院在项目执行过程中提供的指导与帮助。如果没有学校的关心，很难完成此项课题。感谢学校一直以来对青年教师的支持与指导，重视科研发布的新动向，鼓励我们将科研项目做成优质的成果。

再次，感谢我的家人对本书撰写提供的大力支持。感谢编辑同志为本书付出的辛劳！

最重要的是，感谢北京市政府反恐相关部门对本书研究所提供的宝贵支持。在写作过程中，作者多次赴天津、上海、长沙、乌鲁木齐等城市调研，感谢接待单位提供的数据资料等种种帮助，以及给予的宝贵建议。

向专家与学界同仁致敬！向您们学习！

图书在版编目（CIP）数据

互联网时代的都市反恐/肖洋著. —北京：时事出版社，2019.12
　ISBN 978-7-5195-0025-2

　Ⅰ.①互… Ⅱ.①肖… Ⅲ.①互联网络—应用—反恐怖活动—研究 Ⅳ.①D815.5-39

中国版本图书馆 CIP 数据核字（2019）第 184326 号

出 版 发 行：时事出版社
地　　　 址：北京市海淀区万寿寺甲 2 号
邮　　　 编：100081
发 行 热 线：(010) 88547590　88547591
读者服务部：(010) 88547595
传　　　 真：(010) 88547592
电 子 邮 箱：shishichubanshe@ sina. com
网　　　 址：www. shishishe. com
印　　　 刷：北京旺都印务有限公司

开本：787×1092　1/16　印张：12　字数：200 千字
2019 年 12 月第 1 版　2019 年 12 月第 1 次印刷
定价：80.00 元
（如有印装质量问题，请与本社发行部联系调换）